CINQUANTENAIRE

DE LA

SOCIÉTÉ D'ARCHÉOLOGIE LORRAINE

CINQUANTENAIRE

DE LA

SOCIÉTÉ D'ARCHÉOLOGIE LORRAINE

28, 29 ET 30 JUIN 1898

NANCY

RENÉ WIENER, LIBRAIRE-ÉDITEUR

RUE DES DOMINICAINS, 53

1898

NANCY. — IMPRIMERIE CRÉPIN-LEBLOND, 21, RUE SAINT-DIZIER.

CINQUANTENAIRE

DE LA

SOCIÉTÉ D'ARCHÉOLOGIE LORRAINE

COMPTE-RENDU

Dès que furent terminées les brillantes réunions de son Cinquantenaire, la Société d'Archéologie lorraine décida de conserver le souvenir des trois journées qui feront époque dans son histoire, en publiant sous forme de brochure, destinée à tous ses membres et aux personnes qui ont répondu à son invitation, le récit de ce qui s'est fait à Nancy, les 28, 29 et 30 juin 1898. C'est pour exécuter cette décision qu'a été rédigé le présent compte-rendu, dans lequel on s'abstiendra de tout commentaire, pour se borner à un exposé aussi bref que possible.

Désireuse de suivre l'exemple de toutes les sociétés savantes, qui ne manquent pas de célébrer leur cinquantenaire, la Société d'Archéologie lorraine forma, dès le commencement de l'année 1898, une Commission spéciale (1) chargée d'étudier la question et de faire des propositions en conséquence. Cette Commission, qui se réunit pour la première fois le 3 février, proposa d'abord de ne point choisir comme date de la solennité le mois de septembre, qui est l'anniversaire de la fondation, mais de s'arrêter à une époque antérieure aux vacances, afin de réunir

(1) Commission composée du Bureau de la Société, auquel furent adjoints MM. Bleicher, Goury, Lefebvre, Maure, Pfister et Riston.

un plus grand nombre d'adhérents ; c'est pourquoi la fin du mois de juin parut le moment le plus favorable. Quant à la durée des fêtes projetées, la Commission prenant un moyen terme entre une séance unique, à laquelle se bornent quelques sociétés, et une longue suite de séances constituant un véritable congrès, que l'on voit organisées par d'autres, s'arrêta à une durée de trois jours qui parut suffisante pour intéresser le public et assez courte pour permettre des déplacements faciles aux adhérents du dehors. En conséquence, elle arrêta le programme suivant, qui fut ensuite sanctionné par la Société, dans sa séance du 11 février :

PREMIÈRE JOURNÉE

Mardi 28 Juin. — Le Musée lorrain sera ouvert au public de 10 heures à 2 heures. Des membres de la Société se tiendront à la disposition des visiteurs.

A 3 heures. Réunion au Palais Ducal, réception des délégués, visite du Musée lorrain et de la Ville-Vieille.

A 8 heures et demie. Séance de projections à la Salle Poirel. Sujet : l'*Histoire de Nancy*, par M. le Professeur Pfister.

DEUXIÈME JOURNÉE

Mercredi 29 Juin. — *A 8 heures du matin*, en l'église des Cordeliers, Service religieux pour les membres décédés de la Société.

A 9 heures. Visite de la Ville-Neuve.

A 4 heures du soir. Séance publique dans les salons de l'Hôtel-de-Ville.

A 7 heures et demie. Banquet au Grand-Hôtel.

TROISIÈME JOURNÉE

Jeudi 30 Juin. — Excursion à Toul.

Un des premiers soins de la Commission organisatrice fut de faire connaître ce programme aux membres de la Société, puis aux sociétés correspondantes, françaises et étrangères, afin d'obtenir le concours le plus nombreux à des réunions dont le succès dépend de la quantité aussi bien que de la qualité des adhésions réalisées. Des circulaires furent donc très largement envoyées dans ce but, et ce fut avec une grande satisfaction que l'on reçut de divers côtés des réponses encourageantes.

A la date du 8 juin, M. le Ministre de l'Instruction publique et des Beaux-Arts, auquel la Société avait demandé de vouloir bien se faire représenter à Nancy, fit savoir qu'il avait délégué dans ce but M. Philippe Berger, membre de l'Institut, professeur au Collège de France, membre du Comité des travaux historiques et scientifiques (section d'Archéologie). Au même moment, le Directeur de la Société française d'Archéologie, M. le comte de Marsy, bien que très occupé par l'organisation d'un congrès à Bourges, écrivit qu'il se trouverait au rendez-vous du 28 juin. Puis successivement se produisirent les adhésions suivantes, que nous énumérons par ordre de dates : l'Académie de Stanislas sera représentée par son secrétaire perpétuel, M. Jules Lejeune, et son vice-président, M. de Meixmoron ; — la Société des lettres, sciences et arts de Bar-le-Duc, par son président M. Demoget, qui accepte de plus de prendre la parole dans la séance publique ; — la Revue historique ardennaise enverra M. Graffin : — l'Institut archéologique du Luxembourg, M. Sibenaler, conservateur du Musée d'Arlon ; — l'Académie delphinale, M. Paul Fournier, un de ses anciens présidents : — la Société historique de Compiègne, un de ses anciens présidents, M. le comte Gaston de Lambertye : — la Société archéologique de Touraine, M. Le Grix ; — M. l'abbé Paulus sera délégué à la fois par la Société historique et archéologique et par l'Académie de Metz ; — M. le baron Auguste d'Avout, par l'Académie de Dijon et par la Commission des Antiquités de la Côte-d'Or ; — M. Loppinet, par la Société philomatique de Verdun : — M. de Grossouvre, par la Société des Antiquaires du Centre : — M. le Dr Bleicher, par la Société d'histoire naturelle de Colmar ; — M. le Dr Coliez, par la Société des amateurs naturalistes et archéologues du Nord de la Meuse. Enfin, délégué par la Société d'Archéologie de Bruxelles, nous viendra M. le comte François van der Straten-Ponthoz, notre doyen à tous, puisque son nom figure sur nos listes depuis 1850, à côté de ceux de nos premiers fondateurs.

Plusieurs Sociétés s'excusent de ne pouvoir répondre par l'envoi de délégués aux invitations qui leur ont été adressées : l'Académie de Reims, la Société philomatique vosgienne de Saint-Dié, la Société royale de numismatique de Belgique, la Société académique de Troyes, l'Institut grand ducal de Luxembourg.

Un grand nombre de lettres provenant de membres de notre Société nous exprimaient aussi de semblables regrets, ou bien contenaient l'expression de sympathies pour notre initiative, précieux encouragements auxquels nous avons été très sensibles. Nous pouvons dire d'ailleurs que notre tâche a été grandement facilitée par la bonne volonté de tous : auprès des autorités locales, notamment auprès de la municipalité de Nancy, nous avons trouvé une parfaite bienveillance : de la part de nos confrères et même de la part de concitoyens qui ne sont pas encore agrégés à notre Société, nous avons reçu de fréquentes offres de services qui nous ont permis d'aboutir promptement à une organisation sinon parfaite, digne du moins de nos hôtes et du but que nous voulions atteindre.

Lorsqu'arriva le 28 juin, tout était prêt : de grandes affiches multicolores, abondamment apposées, appelaient le public à fêter nos trois journées : le vieux Palais ducal, siège du Musée historique lorrain, était égayé par de nombreux faisceaux de drapeaux aux couleurs françaises et lorraines . l'arrivée des étrangers était signalée ; par surcroît de bonheur, une température excellente favorisait l'exécution d'un programme que nous allons essayer de retracer dans tous ses détails.

L'annonce de l'ouverture du Musée lorrain, le mardi 28 juin, de 10 heures à 2 heures, attira de nombreux visiteurs au Palais ducal. La plupart connaissaient de longue date, comme tous les Nancéiens, ce Musée qui rappelle les plus précieux souvenirs de la nationalité lorraine ; mais pour ceux-là même, l'invitation de voir utilement nos collections sous la conduite du Conservateur et des membres du Comité, était une précieuse occasion de s'instruire que beaucoup de personnes n'ont point laissé échapper.

La séance inaugurale était fixée à 3 heures. Les délégués. convoqués dans la salle de réunion de la Société, y trouvaient les membres du Bureau, spécialement chargés de les recevoir. M. Philippe Berger, conduit par le Président, entrait à trois heures précises au Palais ducal. Là, M. Ch. Guyot, président, offre en quelques mots la bienvenue aux délégués et déclare ouvertes les séances du Cinquantenaire. Immédiatement on commence la visite du Musée, depuis les collections du rez-de-chaussée jusqu'à la salle des Cerfs et la nouvelle salle consacrée à l'histoire de la ville de Nancy. Ensuite M. le docteur Bleicher présente, au nom de son collaborateur le comte J. Beaupré, deux cartes archéologiques du département de Meurthe-et-Moselle. A ce sujet le savant professeur donne à l'assemblée une véritable conférence, que nous résumerons comme il suit :

M. Bleicher commence par un court exposé de la géographie du département, et rappelle que sa forme allongée est due à la réunion des débris des anciens départements de la Meurthe et de la Moselle. Très large, dans sa partie Sud, où il s'étend jusqu'aux Vosges, il se rétrécit en son milieu pour se développer de nouveau. dans sa partie Nord, mais dans de bien moindres proportions.

Passant ensuite à l'explication des cartes, il fait observer que, sur l'une d'elles, sont inscrits les noms des communes sur le territoire desquelles ont été découverts des vestiges attribuables aux temps préhistoriques, c'est-à-dire à l'âge de la pierre, à l'âge dit du bronze, et à l'âge de la Tène. L'autre, dressée d'après les mêmes principes, est relative aux époques gallo romaine et mérovingienne.

L'auteur de ces cartes n'a pas cru devoir séparer ces deux époques, leur ligne de démarcation étant presque impossible à établir. On sait, en effet, que les barbares se sont infiltrés dans nos contrées dès les premiers temps de la domination romaine, ce qui explique le mélange d'objets, d'art romain et d'art barbare, que l'on constate souvent dans les stations de ces deux époques.

Ces cartes ont été établies à l'aide du *Répertoire archéologique pour le Département de Meurthe-et-Moselle* (1), dont les matériaux « ont été puisés dans les répertoires antérieurement publiés ; ils ont été vérifiés, dans la mesure du possible, et complétés au moyen d'indications recueillies dans un grand nombre d'ouvrages parmi lesquels nous citerons les monographies des communes du département, et par des recherches personnelles. » (Avant-propos, p. III.)

C'est un travail provisoire, destiné seulement à montrer le groupement, et la répartition des localités contenant des vestiges de l'antiquité. Une autre carte, à grande échelle, est en préparation. Elle ne contiendra pas seulement les noms des communes, mais les signes conventionnels, adoptés dans ces sortes de travaux, indiqueront aux chercheurs, sur le figuré du terrain, l'emplacement exact des gisements.

Le département de Meurthe-et-Moselle comprend 596 communes; des restes des temps préhistoriques gallo romains et mérovingiens ont été constatés, sur son territoire, dans 374 d'entre elles ; cependant il est permis de croire que ce nombre doit être bien plus élevé, car de l'absence de renseignements on ne saurait conclure à l'absence de restes des anciens âges.

De grands espaces restent vides sur les cartes : tel est le Nord du département au delà du confluent de la Moselle et de Rupt-de-Mad, où l'on n'a signalé, à notre connaissance, aucun vestige de l'âge de la pierre. Il faut attribuer ces lacunes, moins à l'existence de massifs forestiers, anciens et peu abordables, qu'au manque d'explorateurs.

(1) *Répertoire archéologique pour le département de Meurthe-et-Moselle* (époques préhistoriques, gallo-romaine et mérovingienne), par le Cte J. Beaupré (Imprimerie Crépin-Leblond, 1897).

En effet, les environs des villes sont les mieux connus, grâce au grand nombre des chercheurs, et si quelques communes éloignées des centres intellectuels échappent à cette règle, c'est uniquement parce qu'il s'y est trouvé des archéologues. C'est ainsi qu'à côté des noms de MM. Beaulieu, R. Guérin, Cournault, Godron, Bleicher, Barthélemy, Quintard, J. Beaupré, etc...., dont les recherches se sont étendues, non seulement sur les environs de Nancy, mais encore sur un grand nombre de points du département, nous avons MM. Le Brun pour les environs de Lunéville, Husson pour ceux de Toul, L. Robert pour ceux de Pont-à-Mousson, Olry pour le canton de Colombey, Schaudel et Coliez pour le canton de Longwy, MM. Gruyer pour Villers-Saint-Étienne et Rogéville, Authelin pour Sanzey, etc..., etc...

M. le Dr Bleicher fait observer que si les stations humaines appartenant aux temps préhistoriques, et surtout à l'époque de la pierre, paraissent moins nombreuses qu'aux époques gallo-romaine et mérovingienne, c'est uniquement parce qu'elles sont moins connues, ayant laissé des vestiges peu apparents pour un œil inexpérimenté. A part quelques silex, assez volumineux pour permettre de battre le briquet, il n'y avait guère sur leur emplacement d'autres restes capables de tenter la cupidité, et, par suite, d'attirer l'attention.

Or, il n'en est pas de même pour les stations plus récentes, souvent riches en objets métalliques ayant une valeur intrinsèque. Les générations humaines se sont succédé d'ailleurs sur les mêmes emplacements, à de rares exceptions près, et la superposition des deux cartes montre que cette loi s'est vérifiée pour environ 116 gisements.

En résumé, on peut dire, sans prétendre donner un chiffre rigoureusement exact, vu la difficulté du contrôle, que l'on connait en Meurthe-et-Moselle un chiffre approxi matif de 640 stations ou groupes de stations s'étendant sur 374 communes.

Elles se répartissent ainsi :

127 pour l'âge de la pierre, 78 pour l'âge dit du bronze, 51 pour l'âge de la Tène. 375 pour l'époque gallo-romaine. et 109 pour l'époque mérovingienne.

M. le Dr Bleicher termine sa conférence par quelques considérations anthropologiques sur les peuples primitifs qui ont successivement habité nos contrées. depuis la race de petite taille. et à crâne relativement court, jusqu'aux races plus récentes. assez nettement dolichocéphales. Il exprime le regret de ne pouvoir appuyer ces considérations que sur des données relativement peu nombreuses, et signale les difficultés qu'éprouvent les anthropologistes à relier les données des temps préhistoriques, gallo romains et mérovingiens, avec celles de l'anthropologie moderne. Il espère que des recherches faites dans les ossuaires du moyen âge aideront à combler cette lacune.

Après cette conférence. écoutée avec le plus grand intérêt, les délégués reçoivent des membres du Bureau quelques indications pour l'emploi de leur temps pendant les trois journées, un guide illustré de Nancy dû à la plume de M. de Souhesmes, enfin un insigne portant leur nom et leur qualité. Puis on quitte le Palais ducal, pour aller visiter tous ensemble quelques monuments de la Ville-Vieille.

La première visite est pour la porte de la Craffe. qui date du XVe siècle, et dont tout le monde peut admirer le superbe aspect : mais ce qui est ignoré de la plupart des Nancéiens, c'est l'intérieur de cette vaste construction. qui mérite d'être étudié en détail. Ce fut une longue promenade jusqu'au sommet des tours, avec des aspects inattendus et de véritables trouvailles pour les archéologues. Le vœu unanime, au sortir de ce glorieux vestige de notre architecture militaire. fut que la ville de Nancy, propriétaire de la porte de la Craffe, dont elle loue une partie à l'administration de la guerre pour y établir le Conseil de guerre du 20e corps d'armée, prenne soin de l'entretien et des réparations urgentes d'un si intéressant édifice.

De là, on entre aux Cordeliers, l'édifice national par excellence, dit Louis Lallement, l'église de René II, véritable musée de tombeaux, depuis la statue couchée de Philippe de Gueldres, jusqu'à celle du vainqueur de Charles le Téméraire. On passe ensuite dans la Chapelle-Ronde, qui surmonte les caveaux où reposent les restes des anciens ducs. C'est le Saint-Denis de la Lorraine.

Puis on jette un coup d'œil en marchant sur les anciens hôtels de la Ville-Vieille : sur l'Arsenal, transformé en magasin de la Manutention militaire ; sur le nouveau Saint-Evre, qui remplace la vieille église paroissiale démolie en 1863 ; enfin, tout en regrettant d'aller si vite, on aboutit au bâtiment de la Monnaie, qui abrite les archives départementales, et dont notre confrère M. E. Duvernoy, archiviste, veut bien faire les honneurs. Si nombreux sont les attraits de cette splendide collection, depuis les salles voûtées, qui abritent toujours, comme déjà au XVIe siècle, le Trésor des chartes de Lorraine, jusqu'aux aménagements nouveaux qui viennent de recevoir les archives de la Cour souveraine, que l'on s'attarde longuement à voir et à écouter, et qu'il ne reste que juste assez de temps pour prendre un repas et se préparer à la séance du soir.

Cette séance s'ouvrait à 8 heures et demie, à la Salle Poirel, et devait présenter, par la parole et par l'image, un résumé de l'histoire de Nancy. « Nancy à travers les âges », tel était le titre définitif, qui constituait une grande attraction pour le public, étant donnés surtout la personnalité si sympathique du conférencier et aussi l'accompagnement d'un grand nombre de projections destinées à illustrer la conférence. Depuis longtemps déjà des auxiliaires dévoués, parmi lesquels nous devons citer en première ligne M. George Goury, bibliothécaire-adjoint de la Société, préparaient les clichés d'une suite de photographies prises soit sur les monuments encore existants, soit sur les tableaux ou estampes représentant la capitale de la Lorraine avec ses transformations successives. Les projections étaient dirigées par MM. Bellieni avec le concours de M. Paul Chenut, un autre de nos volontaires les plus expérimentés. L'organisation générale de cette séance, ainsi que des suivantes, avait été parfaitement entendue, grâce aux soins de M. Pierre Collesson.

La salle se remplit rapidement : la loge municipale contient, avec M. le Maire de Nancy, plusieurs des hauts fonctionnaires invités. Au centre, M. Philippe Berger et les autres délégués des Sociétés savantes se trouvent placés avec les membres du Bureau. Sur la scène, M. Ch. Guyot, président, accompagné de MM. E. Duvernoy et G. Goury, et auprès d'eux M. Ch. Pfister, l'historien de Nancy, le professeur d'histoire de l'Est à l'Université, dont le précieux concours était un gage certain de réussite pour cette première journée du Cinquantenaire. M. Guyot donne en quelques mots la parole à M. Pfister, et la conférence commence, fréquemment applaudie, très heureusement accompagnée par les projections dont aucune ne manque à l'appel, coupée de temps en temps par des morceaux de musique instrumentale qu'exécutait la Société « La Lyre lorraine ».

Notre éminent professeur a bien voulu, sur notre demande instante, résumer à grands traits cette conférence, qui pendant plus d'une heure a tenu attentif un auditoire aussi nombreux que choisi, et nous sommes heureux de reproduire ici le résumé qui conservera le souvenir de la soirée du 28 juin 1898.

« Messieurs les délégués, la Société d'archéologie lorraine vous a déjà conduits à travers les rues de notre ville ; elle vous a fait admirer les monuments de notre cité encore debout. Je voudrais ce soir vous mener à travers le vieux Nancy ; à l'aide des belles projections de MM. Goury, Chenut et Belliéni (1), auxquels je dois adresser les remerciements de la Société, je voudrais redresser les édifices qui ont été démolis et faire revivre sous vos yeux les personnages d'autrefois ! Sans autre préambule, nous allons commencer cette causerie et vous montrer les armoiries

(1) M. Goury a donné au Musée lorrain les clichés qui ont servi à ces projections.

de notre cité (1). Ces armoiries représentent un chardon ec ses racines et deux feuilles légèrement ployées. Ce

chardon était l'emblème de la sainte Vierge; les points blancs qui émaillent la fleur purpurine étaient regardés comme des gouttes de lait tombées du sein de la mère de Dieu. Or, le duc René II, en engageant le combat décisif contre Charles le Téméraire, avait fait peindre sur son étendard l'image de l'Annonciation; il avait combattu et vaincu sous les auspices de la Vierge ; il prit dès lors comme emblème l'emblème de la Vierge, et le chardon figure sur les monuments qu'il construit à Nancy. Mais, peu à peu, l'emblème passa, si je puis dire, du duc à sa capitale. Lors des grands enterrements des ducs de Lorraine, les cierges et les torches portés par les pauvres au nom de Nancy sont entourés d'une plaque à ces armes; et définitivement en l'année 1598 le duc Charles III octroya comme blason à Nancy le chardon, et fit peindre les armoiries de la ville par Jean Contesse. L'original en est conservé à nos archives municipales. Attribué ainsi à notre cité, le chardon symbolisa la glorieuse défense qu'elle avait opposée au Téméraire, quand, pendant trois mois continus, elle supporta les horreurs de la famine plutôt que de se rendre. La devise qu'on y joignit confirma cette interprétation; et j'ai plaisir à la citer sous sa vieille enveloppe française : *Ne toqués mi : je poins*, c'est-à-dire : *Ne me touchez pas : je pique*. Plus tard, elle a été traduite en latin peut-être trop élégant, et elle est devenue : *Non inultus premor*. Les armoiries telles qu'elles ont été dessinées en 1598 se

(1) Ici l'on a projeté la planche de l'*Histoire de Nancy*, de Cayon, représentant les armes de la ville aux diverses époques.

composent de deux parties : au-dessus du chardon, *en chef*, comme disent les héraldistes, l'on a reproduit l'écu plein de Lorraine ; et cet écu se compose de neuf écus divers. En haut, sont représentés les quatre royaumes sur

lesquels les ducs lorrains ont eu, à partir du XVe siècle, des prétentions, à savoir : la Hongrie, la Sicile, Jérusalem et Aragon ; en bas les quatre duchés qu'ils ont revendiqués : Anjou, Gueldres, Juliers et Bar ; avec l'écu aux trois alérions de Lorraine en bande, sur le tout. L'écusson ducal fut établi de la sorte d'une façon définitive, en 1545, sous le règne de François Ier (1). Ce chef des armoiries ducal a varié. Sous le premier empire, Napoléon Ier donna à la cité, comme chef d'armoiries, l'insigne de ses bonnes villes, aux trois abeilles d'or. Au siècle dernier et de nos jours, au lieu des armes pleines de Lorraine, l'on met souvent en chef les armes simples, aux trois alérions. Mais voici une fantaisie singulière. Louis XIV occupait la Lorraine, au moment où il fit, en 1696, confectionner l'*Armorial général de France*. Il obligeait les villes à déclarer leurs armoiries, et à en recevoir de lui un exemplaire officiel, contre une somme d'argent assez forte. Les habitants de Nancy ne firent aucune déclaration ; on leur donna dès lors des armes d'office : d'or à deux canons d'azur passés en sautoir. Ces armes n'avaient rien de commun avec Nancy ; mais les habitants durent payer quand même !

Après nos armoiries, je vais vous présenter le plus

(1) Avant cette date étaient seuls représentés en bas les deux duchés d'Anjou et de Bar. Ainsi ces armoiries sont représentées sur le palais ducal.

ancien plan de notre cité (1). C'est le plus ancien ; c'est encore à l'heure actuelle le plus beau. Le plan est en relief. Il date de l'année 1611 et il accompagnait cette belle œuvre de gravure, à laquelle La Ruelle a attaché son nom, et l'une des plus recherchées de nos bibliophiles : *La Pompe funèbre du duc Charles III*. Il a été exécuté par un artiste alsacien : Frédéric Brentel, et gravé par Hermann de Loye. Vous voyez dans un coin les armes de Nancy ; la lettre H, initiale du duc Henri II, fils et successeur de Charles III ; puis sur une banderole que tient d'un côté un guerrier armé, de l'autre une femme, on lit : NANCEIUM PRINCIPI FIDUM ET LOTHARINGIÆ PROPUGNACULUM, Nancy fidèle à son prince et boulevard de la Lorraine. De l'autre côté sont les armes d'Élisée de Haraucourt, gouverneur de Nancy en 1611.

Un simple coup d'œil jeté sur ce plan nous fera connaître les grandes périodes de l'histoire de Nancy. Nous passons naturellement sur les temps de la préhistoire, alors que sur le plateau de Malzéville nos ancêtres de l'âge de la pierre taillaient leurs silex et construisaient ce mur aux vastes assises dont un fragment subsiste encore. Nous passons sur la période romaine où sans doute l'emplacement de Nancy n'était pas encore habité. Nous ne dirons même rien de la période mérovingienne, encore que récemment on ait découvert un cimetière mérovingien aux environs de la ville, près de la Commanderie Saint-Jean, dont le nom Saint-Jean du Vieil-Aitre s'est ainsi trouvé expliqué, le mot *aitre* signifiant cimetière. Nous arrivons tout de suite au moment où Nancy est nommé pour la première fois dans les textes historiques, c'est-à dire au xe siècle. Du xe siècle à la Révolution, l'histoire de Nancy se divise naturellement en trois périodes, et chacune d'elles est caractérisée par l'apparition d'une nouvelle ville. Nous disons la ville de Nancy ; mais l'on devrait dire les *villes*

(1) Seconde projection représentant le plan de La Ruelle.

de Nancy. Il y a dans notre cité trois villes superposées. C'est d'abord la Ville-Vieille, aux rues étroites, aux maisons mal alignées. Elle s'est élevée au hasard, autour du palais des princes et de la vieille église paroissiale de Saint-Èvre. Au début, cette ville s'étendait à l'ouest jusqu'aux maisons qui actuellement longent la place de l'Académie et le cours Léopold ; à l'est jusqu'à celles qui bordent la Grande Rue (1); au sud les fortifications avaient à peu près la direction de notre rue de la Pépinière; au nord, elles suivaient à peu près la ligne marquée par la rue des Morts (aujourd'hui des États). La ville s'étendait sur un espace relativement petit ; mais en dehors se développèrent quelques faubourgs qu'on appelait les *bourgets*: l'on disait le Petit Bourget, le Haut Bourget. A la fin du XIVe siècle, sous le règne de Jean Ier, l'espace occupé par Nancy était devenu trop étroit : la ville brise son corset, s'annexe les bourgets qui deviennent, par une corruption du mot, la rue du Haut-Bourgeois et la rue du Petit-Bourgeois; et les remparts reculent jusqu'à la porte de la Craffe. Ce fut le premier agrandissement de Nancy. Le second n'eut lieu qu'un siècle et demi plus tard. Au moment où Nicolas de Vaudémont et Christine de Danemark étaient régents au nom du jeune duc Charles III, vers 1550, l'on détruisit les remparts qui limitaient à l'est la rue de la Boudière (notre Grande Rue), et on les reconstruisit un peu plus loin. Sur les anciens fossés l'on disposa une place, qui s'appela d'abord la place Neuve, puis la place de la Carrière, parce que là se donnaient les joutes et les tournois. La Ville-Vieille avait dès lors atteint les limites qui sont indiquées sur ce plan et qu'elle a gardées jusqu'à la réunion à la France. A la même époque, l'on s'applique à faire de

(1) Jusqu'à la place de la petite Carrière actuelle. La l'enceinte devait faire un angle droit et comprendre l'espace où a été construit le Palais ducal et où le duc Raoul fonda en 1339 la collégiale Saint-Georges.

Nancy une place redoutable, et les travaux de fortifications sont poursuivis pendant toute la seconde moitié du XVIe siècle. La simple muraille de pierre, garnie de distance en distance de tours, celle qui avait arrêté la puissance de Charles le Téméraire, est renforcée de bastions, suivant le système italien. Les nouveaux remparts sont l'œuvre d'ingénieurs de la péninsule : Balthasar de Padoue, Ambroise Principiano, Orphée de Galéan. Dans cette période de 1552 à 1598 s'élèvent le bastion Notre-Dame ou des Michottes, appelé ainsi des pierres en forme de miche faisant saillie à l'extérieur des murs ; le bastion de Salm, du nom d'un gouverneur de Nancy ; le bastion de Danemark, en l'honneur de la régente ; puis, entourant la porte de la Craffe, le bastion le Marquis et le bastion le Duc, qui doivent leur nom au duc Charles III et à son fils Henri, marquis de Pont-à-Mousson ; le bastion des Dames, derrière le Palais ducal ; le bastion de Vaudémont, en l'honneur du corégent, et dont les restes portent à l'entrée de la Pépinière le jardin de l'Évêché ; enfin le bastion d'Haussonville, cachant la vieille porte Saint-Nicolas. A ce rectangle deux portes donnent accès, aux extrémités de la Grande-Rue ; ce sont la porte de la Craffe et la vieille porte Saint-Nicolas.

Bientôt, en dehors de ces remparts, de nouveaux faubourgs s'élèvent ; d'abord sur une voie très irrégulière, conduisant à la petite cité de Saint-Nicolas-de-Port, le faubourg Saint-Nicolas ; puis, au-dessus de l'étang de Saint-Jean, le faubourg Saint-Thiébaut, autour d'une chapelle consacrée à ce saint. Vers 1587, le duc Charles III, qui fut l'un de nos grands princes, et qui, voulant donner à Nancy un nouvel essor, cherchait à en faire une ville industrielle et commerciale, conçut le dessein de dresser, à côté de la Ville-Vieille, une cité nouvelle. Il rasa entièrement le faubourg Saint-Thiébaut, mais n'osa prendre une pareille mesure pour le faubourg Saint-Nicolas. C'est sur ce faubourg conservé qu'il appuya, dans la direction de l'ouest, sa ville. Les rues en furent tirées au cordeau. Six voies longitudinales : Saint Dizier, de l'Église (aujourd'hui des Quatre-Églises), des Ponts, de Notre-Dame, des Artisans (Clodion), de Saint-François (de l'Équitation), furent coupées en équerre par cinq voies « traversantes » : rue des Remparts, artère qui porte aujourd'hui les noms de Saint-Jean et de Saint-Georges, rue Saint-Thiébaut, rue de la Hache (c'était le nom d'une auberge), et rue de Grève (Charles III). Dans cette ville, créée ainsi d'un bloc, l'on attira les habitants par toutes sortes de moyens. Au nord de Nancy, l'on détruisit le village de Saint-Dizier, qui occupait l'emplacement de notre faubourg des Trois-Maisons, et l'on donna aux habitants des terrains à bâtir dans Nancy-la-Neuve, dont l'une des voies principales garda le nom de Saint-Dizier. On fit venir des ouvriers nombreux, maçons pour la construction de la ville, artistes pour les manufactures de soie, pour les broderies, tailleries de diamants, batteries de chaudrons que Charles III songeait à fonder ; tout ce personnel s'établit dans le quartier dit des *Artisans*. Mais, malgré toutes les sollicitations du duc, de vastes espaces restaient libres ; on les donna à des couvents. A la fin du XVIe et au début du XVIIe siècle, une quinzaine de couvents d'hommes ou de femmes : Annonciades, Bénédictins et Bénédictines, Carmes et Carmélites, Capucins, Dames de la Congrégation, Jésuites du Collège et du Noviciat, Dames du Refuge, Visitandines, — et j'en oublie, — s'établirent dans la Ville-Neuve, si bien qu'on put dire, en faisant allusion à Livourne et à Charleville, créées de même tout d'une pièce, que le duc de Toscane avait fait une cité pour les commerçants, le duc de Mantoue, maître de Charleville, une cité pour les banqueroutiers, enfin le duc de Lorraine une autre pour les moines et les nonnes.

Nancy-la-Neuve resta, pendant quelque temps, limitée

à l'Est par le faubourg Saint-Nicolas. Or, au début du XVIIe siècle, Charles III obtint du Pape la permission de créer à Nancy, non pas l'évêché qu'il eût souhaité, mais un chapitre primatial. Il voulut élever pour ce chapitre une splendide église. Il s'aperçut bientôt que l'emplacement d'abord réservé, près du Marché, dans la rue de l'Église (1), ne convenait pas. Comme il n'avait point d'autre terrain propice, il résolut de reculer la Ville-Neuve vers l'Est, du côté de la Prairie. Il abattit les remparts déjà debout et les porta plus loin. Sur l'espace ainsi conquis, il jeta les fondements de l'église primatiale qui fut orientée vers l'Est (2); et tout autour de cette église les chanoines du chapitre bâtirent leurs maisons, tournées vers elle, maisons bien discrètes entre cour et jardin. Un nouveau quartier tout silencieux, le quartier de la prière, s'ajouta dans la Ville-Neuve aux quartiers des commerçants et des artisans. La cité agrandie fut entourée d'une ceinture de magnifiques fortifications, œuvre d'un ingénieur italien Jean-Baptiste Stabili et d'un entrepreneur lorrain, Nicolas Marchal. Les deux bastions Saint-Jacques et Saint-Georges entourent la porte Saint-Georges; le bastion de la Madeleine surveille la campagne, vers la Madeleine, ancienne léproserie qui appartient aux Dames-Prêcheresses; les bastions d'Haraucourt et de Saint-Nicolas flanquent la nouvelle porte Saint-Nicolas; le bastion de Sauru domine les bois de Sauru, à l'Ouest; et les bastions Saint-Thiébaut et Saint-Jean protègent la porte Saint-Jean. La Ville-Neuve reste séparée de la Ville-Vieille par un fossé assez profond et par des glacis.

Peu de temps après que cette cité eut été achevée, après que ces remparts qui passaient pour les plus beaux du monde furent sortis du sol, commença pour Nancy et pour

(1) Là où plus tard le receveur Vincent éleva son hôtel, qui fut acheté par le magistrat et devint jusqu'en 1751 l'Hôtel-de-Ville de Nancy.

(2) Place du chœur.

la Lorraine une période de malheurs inouïs. Le 24 septembre 1633, les troupes françaises faisaient leur entrée dans la ville et elles devaient y rester sans discontinuer jusqu'en 1661, pour revenir encore de 1670 à 1697. Pendant ces 55 années d'occupation, Nancy fut traitée comme une ennemie. Presque aucun édifice nouveau n'y fut construit; les anciens hôtels tombaient en ruines et des palissades entouraient ces débris. La ville perdit ses industries et son commerce; elle vit périr ou disparaître plus de la moitié de ses habitants et seule la garnison française y entretint quelque vie. Des jours meilleurs se levèrent, quand, en 1697, le traité de Ryswick eut rendu Nancy à son maître légitime, le duc Léopold. Léopold aimait les constructions; il fit bâtir dans Nancy la Monnaie, des casernes pour la gendarmerie, le superbe hôtel de Craon (Cour d'appel); il commença la Primatiale, sur les plans de Jules Hardouin-Mansart, neveu du grand Mansart, et, contrairement au projet primitif, la tourna vers le Sud; mais il eut tort de jeter à bas la plus grande partie du vieux palais ducal, pour y substituer le Louvre, de Boffrand. A l'exemple du prince, les nobles relevèrent leurs demeures, et c'est de cette époque que datent la plupart des beaux hôtels de la Ville-Vieille. Le roi de Pologne, Stanislas, auquel les hasards d'une vie aventureuse donnèrent la Lorraine (1737), fut à son tour un grand constructeur. Entre les deux villes de Nancy, là où se trouvaient jadis les remparts et les glacis, il intercala en quelque sorte une troisième cité. En l'honneur de son gendre, il fit dessiner par Héré cette magnifique Place Royale, qui aujourd'hui s'appelle justement la place Stanislas; il mit aux quatre extrémités les grilles d'or de Jean Lamour, et il fit de l'Arc de triomphe la porte d'entrée de ce forum nancéien. Plus loin, sur l'ancien bastion Saint-Jacques, il créa une seconde place, si imposante en sa petite étendue. Ce fut la place Saint-Stanislas, qui devint la place d'Alliance, lorsque

Louis XV eut conclu en 1756 un pacte d'amitié avec Marie-Thérèse, la femme de l'ancien duc de Lorraine, François III. Après la ville du moyen-âge, après la ville du XVIe siècle finissant, voici la ville du XVIIIe siècle ; et la cité de Stanislas servira toujours à caractériser l'art de cette époque, dont on peut dire qu'elle est le chef-d'œuvre. La ville a dès lors sa physionomie spéciale, caractéristique. Quand Stanislas fut mort (1766), la France, son héritière, fit faire à Nancy quelques embellissements dont la population se montra reconnaissante. On créa notre belle promenade de la Pépinière ; on fit sauter par la mine les débris des bastions des Michottes, de Salm et de Danemark, on construisit la porte Neuve ou de Stainville (Porte Désilles) et on prolongea la cité vers l'Ouest, par un mur d'octroi qui subsiste encore dans les jardins de la rue de l'Hospice. Telle était Nancy au moment où éclata la Révolution, jolie ville de 30,000 âmes à peu près, telle elle est restée jusque vers 1830. A cette date, elle commence par s'agrandir un peu, pour se développer tout d'un coup, après les événements de 1871, et étendre au loin dans la campagne ses bras vers les villages suburbains. » .....

Après ces développements généraux, M. Pfister présente les anciens édifices de la Ville-Vieille : le portail de l'église Notre-Dame, du XIe siècle, qui a été sauvé lors de la Révolution et qui a été rétabli avec goût au château de Remicourt ; la Commanderie Saint-Jean, du XIIe siècle (3 vues : ancienne gravure d'Yves-Dominique Collin, dite la foire aux cerises ; dessin inédit de 1815 au Musée lorrain ; état actuel de la tour) ; le vieux Saint-Èvre (5 vues : l'Église prise de la rue du Point-du-Jour ; façade du Nord lors de la démolition ; Saint-Èvre en reconstruction avec l'hôtel de Salles ; le clocher ancien et le clocher nouveau juxtaposés ; la Cène de Florent Drouin) ; les portes de la Craffe ou portes Notre-Dame (porte de la Craffe intérieure avec ordre grec ; la même avec revêtement gothique ; la porte extérieure avec les ponts et les anciens fossés et la porte extérieure actuelle). Puis il passe aux monuments qui rappellent le souvenir de la bataille de Nancy et l'on voit défiler : la Croix de Bourgogne, telle qu'Israël Sylvestre l'a représentée, et la croix actuelle, un panneau de la tapisserie dite de Charles le Téméraire (scène du jugement); l'église de Bonsecours (gravure de Sylvestre et état de 1875, tombeau de Stanislas); l'église des Cordeliers (d'après la *Pompe funèbre de Charles III*), et le chef-d'œuvre qu'elle renferme : tombeau de Philippe de Gueldres, par Ligier Richier. Des planches nombreuses font connaître l'histoire du Palais ducal : gravure de Deruet ; parterres de Callot et d'Israël Sylvestre ; vue du palais du côté de la Carrière d'après un agrandissement fait de Callot par M. Gaston Save ; la Porterie ; vue intérieure du cloître ; salle des Cerfs avant et après l'incendie de juillet 1871 ; Musée lorrain reconstitué. Une gravure de Callot et une autre de Dominique Collin montrent la place de la Carrière aux XVIIe et XVIIIe siècles. Sur cette place est construit par Boffrand l'hôtel de Craon (Cour d'appel), dont Héré s'inspirera pour les bâtiments qui entourent la place Stanislas. Quelques projections représentent des hôtels de la Ville-Vieille : l'hôtel de Vioménil, détruit au début du siècle pour le percement de la rue d'Amerval : la façade de l'hôtel Lunati-Visconti jadis rue de Guise n° 4 et reconstruite par M. Gouy au château de Renémont ; les arcades de l'ancienne rue Saint Èvre, etc.

Avant de passer à la Ville-Neuve, M. Pfister présente l'image du fondateur de cette cité, le duc Charles III, d'après la maquette des frères Chaligny, puis diverses planches, tirées de la *Pompe funèbre* de ce prince. Il fait voir les gravures de Sylvestre consacrées aux portes Saint-Nicolas et Saint-Georges, des vues de ces portes avant leurs dernières transformations, sans oublier la porte Saint-Jean telle qu'elle était en 1874 avant sa démolition. A l'époque de Léopold appartient la Primatiale (Cathédrale), qui devait être couronnée à la croisée par un dôme. Le dôme ne fut pas exécuté et, dès lors, pour dissimuler l'écartement des deux tours de la façade, divers projets furent proposés, l'un par Boffrand, dont l'on montre le dessin. Puis nous voyons la place Stanislas aux diverses époques, avec la statue de Louis XV, par Guibal et Cyfflé, avec le génie de la France de Labroise, avec la massive statue du roi de Pologne, par Jacquot ; les admirables fontaines de Neptune et d'Amphitrite ; l'Arc de triomphe ; la place d'Alliance avec l'hôtel d'Alsace en flammes ; les casernes Sainte-Catherine s'élevant du sol. La porte Neuve ou porte Désilles appartient déjà au régime français et ses bas-reliefs célèbrent, avec l'ancienne bataille de Nancy, la guerre récente de l'indépendance des États-Unis. Une gravure : la pompe funèbre célébrée à Paris en l'honneur des citoyens morts à Nancy le 30 août 1790, représente l'histoire révolutionnaire ; enfin une dernière projection montre toutes les statues de Callot proposées au concours de 1877 où triompha le sculpteur Laurent ; elles sont rangées dans l'église Saint-Èvre alors en construction.....

M. Pfister termine par ces mots : « Nous avons assisté à la formation des trois villes de Nancy jusqu'à la Révolution. En ce siècle, l'on peut dire qu'une quatrième ville est sortie de terre. Les chemins de fer et les canaux ont augmenté l'importance commerciale de notre cité. De nombreuses et prospères industries y ont été créées. Nancy est devenue un centre universitaire et artistique. La population a presque doublé depuis 1870 et compte aujourd'hui 96,000 habitants. Mais surtout Nancy est de plus en plus considérée comme une grande place militaire. Elle est, depuis le début de cette année, le siège du 20e corps d'armée. Que lui réservera l'avenir ? Nul ne le sait ; mais elle regarde cet avenir sans crainte, confiante en la valeur de ses soldats, en l'énergie de ses citoyens, dans le dévouement de tous au bien public. Puisse un jour à ses gloires passées s'ajouter une gloire nouvelle, réparation d'une grande iniquité et réalisation de nos plus chères espérances ! »

Le lendemain, mercredi 29 juin, à 8 heures du matin, un grand nombre de Sociétaires se trouvaient réunis aux Cordeliers, pour assister à un service religieux célébré en mémoire de leurs confrères défunts. Cette cérémonie avait été inscrite au programme à l'exemple de nombreuses Sociétés similaires ; l'idée en avait été immédiatement adoptée par tous, sans distinction de cultes ni de croyances.

La messe fut dite par M. l'abbé Briot, curé-doyen de Saint-Evre, qui voulut bien permettre à la maîtrise de sa basilique de se faire entendre pendant la durée de l'office. Après l'évangile est monté en chaire M. l'abbé Eugène Martin, docteur ès lettres, membre de la Société et professeur à l'Ecole Saint-Sigisbert, qui a prononcé l'allocution suivante :

MESSIEURS,

Le Christianisme est une religion de progrès, et même cette idée de progrès, dont notre âge se redresse si fier, fut apportée au monde par le Sauveur Jésus : avant lui, l'humanité ne tournait-elle point un regard obstiné vers cet âge d'or dont le spectre s'enfuyait de plus en plus lointain ? Mais, en allant toujours de l'avant, la religion du Christ ne renie point son passé : elle est aussi une religion de souvenir. Sa foi s'appuie sur la tradition, selon le mot de notre Vincent de Lérins : « *Id teneamus, quod ubique, quod semper, quod ab omnibus creditum est* (1) » ; elle vit en union constante de louanges et de supplications avec l'Eglise du Ciel, peuplée de ses héros, et avec Judas

(1) *Commonitorium*, n° 2.

Macchabée, elle proclame que prier pour les morts est une bonne et salutaire pensée (1).

C'est dans ce culte du souvenir qu'elle se rencontre avec l'Archéologie. Il me semble les voir s'avancer toutes deux sur le rude chemin d'ici-bas : l'une, noble matrone, au cœur bon et maternel, au visage calme, au grave sourire, poursuit sa route, semant les bienfaits, les consolations et les espérances; l'autre, compagne empressée, recueille avec une reconnaissance attendrie, les souvenirs qu'elle laisse de son passage et, avec une sainte obstination, les présente à l'homme oublieux.

Vous avez compris ces rapports intimes et voilà pourquoi, Messieurs, vous avez tenu à vous réunir, au pied de l'autel, dans notre sanctuaire lorrain. Libérale et sage, votre Société accepte le concours de toutes les bonnes volontés, respecte toutes les croyances et ne se propose d'autre but que le culte des souvenirs lorrains; mais pourtant, je voudrais vous le montrer, votre œuvre, que vous en ayez conscience ou non, est une œuvre de foi en même temps qu'une œuvre de reconnaissance.

I

Le Christianisme a mis sur toutes les choses de notre France son empreinte profonde et indélébile. Tout homme n'a pas des yeux pour la découvrir, mais vous, Messieurs, vous n'êtes point de ces hommes. Votre sagacité patiente sait tirer des documents tout ce qu'ils renferment et votre loyauté ne recule point devant les conclusions qui s'imposent. Permettez-moi donc une revue rapide des objets qui sollicitent et charment votre étude.

Notre langue (la Philologie n'est-elle point un canton de l'Archéologie ?), notre langue, dis-je, est pénétrée, vivifiée, illuminée de l'esprit chrétien, et qui tenterait de suivre

(1) *II Macch.*, XII, 46.

la *vie des mots*, sans tenir compte de cette formation chrétienne, ferait une œuvre aussi téméraire que l'historien qui prétend expliquer la trame des événements en repoussant le dogme de la Providence. L'étude approfondie du lexique français est un hymne merveilleux en l'honneur de la religion du Christ. C'est l'Église catholique qui nous a appris à parler : c'est elle qui a caché dans nos mots des trésors de sagesse, des charmes de délicatesse et de poésie.

Et les idées qu'exprime cette langue si nette, si claire, si spiritualiste, ne sont-elles pas, ne furent-elles pas, du moins, des idées chrétiennes ? A qui le demanderai-je, sinon à vous, Messieurs, qui, sans vous abstraire de votre siècle, comme d'aucuns s'amusent à vous le reprocher, aimez à vous reporter par la pensée vers ce bon temps d'autrefois ; qui vous plaisez à interroger les linteaux des portes, les manteaux des cheminées, les inscriptions des tombeaux, les devises des blasons, les chartes des archives ? Ces témoins discrets des préoccupations de nos aïeux n'attestent-ils point une foi solide et pratique, une ferme espérance, un concept sérieux de la vie, de ses devoirs et de ses destinées ? « *Vive ut vivas* », grave sur une cheminée un humble sculpteur meusien (1) ; il fait écho, sans le savoir, à la devise de l'infortuné Melchior de la Vallée : « *Vis comme tu voudras mourir* (2) », et à cette maxime de Jean Racinotte, l'obscur artisan de La Mothe : « *Homme, prends garde à toi ! avise à ce que tu fais. Quand l'heure de la mort viendra, tu voudras avoir bien fait* (3). » Tant était présente à l'esprit de tous cette idée grave, mais réconfortante, que l'Évangile nous donne de la vie : *Homo nascitur*

(1) Auberge Bridier-Huon, à Maxey-sur-Vaize (Léon Germain, *Inscriptions de cheminées*, Nancy, Sidot, 1895, n° 14).

(2) Léon Germain, *Plaque de cheminée aux armoiries de Melchior de la Vallée* dans *Lorraine-Artiste*, 1892, p. 489 et sq.

(3) Pierre tombale, dans l'église d'Outremécourt, canton de Bourmont (Haute-Marne).

ad laborem (1) » (je cite encore de ces témoignages qu'ont exhumés vos infatigables investigations) ; mais, faible créature, il est soutenu par la force d'en haut : « *Dieu est mon espoir ! Dieu est mon confort* (2) » et par la benoîte Vierge Marie, N. D. de Bon-Secours, de Recouvrance et de Grâce : « *Immaculata Virgo* (3)... *tu nos ab hoste protege et hora mortis suscipe* (4). »

O pierres naïves de ma patrie lorraine, que touchante est votre voix ! que votre témoignage est éloquent ! mon âme, en vous écoutant, se sent pénétrée d'une sainte émotion. Desséchée, tiraillée par les mille soucis de cette existence si complexe, si rapide, si factice des hommes de ce temps, elle se retrempe, avec vous, dans cette vie si simple, si candide, si chrétienne de nos pères. Mon cœur comprend la douceur que le savant éprouve à vous interroger et la vérité de cette parole de nos Saints-Livres : « *Placuerunt servis tuis lapides* (5) » !

Et cette vie du bon vieux temps n'avait rien de triste et de mélancolique ; René n'avait point encore porté son cœur en écharpe, ni Schopenhauer, inventé ses décevantes théories. Aux oreilles et au cœur de tous résonnait cette parole de l'Apôtre : « *Gaudete in Domino semper, iterum dico, gaudete* (6). » Sans doute la gaieté française, la vérité m'oblige à le reconnaître, oubliait souvent la restriction *in Domino* et se permettait certains chants et certains fabliaux que ne pourrait approuver une morale, même très bienveillante ; mais, le principe même de cette joie n'était-ce point la vie chrétienne ? Toute l'existence se concentrait autour du moutier et vibrait à la voix des cloches ;

(1) Portieux (Léon Germain, *Inscriptions de cheminées*, n° 16).
(2) Cons-la-Grandville (*Idem, ibid.*, n° 5).
(3) Erpigny, province de Luxembourg, Belgique (*Id., ibid.*, n° 9).
(4) Vic (Léon Germain, *Sentences portières*, Nancy, Sidot, 1897, n° 49).
(5) Ps. CI, 15.
(6) Philipp., IV, 4.

on aimait à se persuader que ce rire, si français, nous venait des sourires que notre sainte Mère l'Église avait prodigués à ses premiers nés et si, parfois, on s'abandonnait à des propos légers, on ne terminait point la journée sans chanter un Noël ou écouter quelque pieuse légende, tirée de la Vie des saints. Telle était cette existence que vos études saisissent sur le vif et nous redisent avec de mélancoliques regrets (1) : l'Église pénétrait tout et, sous sa maternelle direction, le peuple pouvait avoir ses misères, ses ennuis, ses vices, il gardait intacts la fierté de sa pensée, l'indépendance de sa personne et surtout le ferme ressort de ses immortelles espérances.

Et nos merveilleuses basiliques où, dans les jours de solennités, se pressait une foule enthousiaste, n'est-ce pas le Christianisme qui les a fait jaillir du sol et lancées vers le ciel, d'abord timides et lourdes, puis légères, audacieuses, aériennes ? N'est-ce point lui qui a fait parler la pierre, chanter l'airain, resplendir le vitrail en l'honneur du Très Haut ? Nos cathédrales sont des poèmes, des traités de théologie, des livres de profonde mystique ; et à qui donc est-il donné de les lire, de les interpréter avec un saint ravissement, de les faire lire et de les faire aimer, sinon à vous, Messieurs, les heureux dépositaires de la science ?

C'est vous qui, dans les statues des porches, si gauches parfois et si primitives, nous signalez l'expression immatérielle et céleste que l'idée chrétienne a donnée à ces figures de pierre.

C'est vous qui nous conduisez dans le silence des nefs et nous montrez ces fiers guerriers, bardés de fer, couchés sur leurs tombeaux, attendant, les mains jointes et le visage tranquille, le jour radieux de la résurrection. A les voir,

(1) Lire, entre autres, l'étude que M. l'abbé Emond, curé de Flin, a fait paraître dans la *Semaine Religieuse de Nancy*, 1898, sous ce titre : *Chez nous*.

l'on comprend mieux la parole du saint homme Job : « *Expecto donec veniat immutatio mea* (1) » et la profondeur calme et consolante de ce mot *cimetière* que notre âge matérialiste voudrait enlever de notre dictionnaire.

C'est vous, Messieurs, qui nous interprétez ces chapiteaux, ces tympans, ces verrières, livres toujours ouverts où tant de générations sont venues lire les enseignements, tour à tour gracieux et terribles, poignants et glorieux, de notre Foi. C'est vous qui nous expliquez le symbolisme de nos temples, qui nous redites les cérémonies, grandioses ou touchantes, qui se déroulaient sous leurs voûtes bien aimées. C'est vous qui retrouvez pour l'artiste les mélodies qui jadis faisaient tressaillir les âmes, qui révélez au sonneur les joyeux carillons qui, s'envolant de la tour dès l'aurore, mettaient la cité en fête.

Vraiment, Messieurs, ce que l'homme est à la nature, vous l'êtes à l'art chrétien. C'est grâce à vous que les pierres nous parlent encore : « *Lapides clamabunt* (2) » ; c'est grâce à vous que de nouveau nous respirons cette odeur suave qui nous semblait à jamais dissipée : « *Respiremus in odorem respersæ dulcedinis.* »

Vous voyez, Messieurs, combien l'idée chrétienne ennoblit votre tâche : l'étude des monuments, de leurs ruines ou de leurs souvenirs, au lieu d'être une passion d'enthousiaste, une fantaisie d'homme inoccupé, devient une œuvre de foi et, par là même, de justice et de restauration.

C'est ainsi que l'avaient entendu les fondateurs de votre Société. Ne trouvons-nous point dans leurs rangs Guerrier de Dumast, Alexandre Gény, Justin Bonnaire, Auguste Digot, Alphonse Thierry de Saint-Baussant ? Fiers de leur foi en un temps où beaucoup se croyaient quittes envers Dieu s'ils l'avaient honoré de timides et secrètes louanges,

(1) Job, XIV, 14.
(2) Luc, XIX, 15.

ces grands chrétiens entreprirent de réconcilier la science et la religion, se mirent sous la direction de prêtres éminents, les Delalle, les Marchal, les Gridel, les Guillaume, créèrent de toutes pièces cette société si vivante de *Foi et Lumières* et transformèrent notre Nancy en un parterre tout embaumé des fleurs exquises de la Foi, de la science et de la charité ? En ces fêtes de votre Cinquantenaire, il me semble équitable d'évoquer ce souvenir, car, depuis *Foi et Lumières*, depuis le 25 décembre 1837, la chronique est là pour l'attester, l'expansion de l'esprit chrétien et les progrès de la vie lorraine ont toujours suivi la même loi.

II

L'Eglise et la Lorraine président donc à vos travaux : l'une, discrète et presque ignorée, se contente de fournir un champ très riche à vos études et se juge payée de retour par ces témoignages que lui rendent votre foi et votre loyauté ; l'autre, aujourd'hui disparue, mais néanmoins toujours vivante, attend de vous un long et généreux témoignage de patriotique gratitude.

Et cette reconnaissance n'est que sagesse. Hier encore, la France formait un faisceau d'ordres, de classes, de provinces, plus isolés que retenus par des liens complexes de privilèges, de coutumes et de juridictions. Aujourd'hui, à l'émiettement a succédé l'unité : la vie nationale, par un double battement, sort de Paris et y revient ; mais le vice de cette centralisation est l'amoindrissement constant de la vie sociale, et la capitale, tournant un regard dédaigneux vers la pauvre et chétive province, pourrait s'appliquer, en toute justice, le mot de Louis XIV : « La France, c'est moi. »

Ce danger, Guerrier de Dumast et ses amis l'avaient pressenti et, pour y parer, ils avaient songé à reprendre ces relations avec la vieille province, à remettre en honneur les gloires d'autrefois, à faire revivre les traditions locales, à ressusciter l'amour de cette petite, mais vaillante nation qui fut notre Lorraine. Ces sentiments de gratitude et de fierté, ils vous les ont légués, Messieurs. Vous êtes les dépositaires officiels du souvenir lorrain et loin de vous livrer, comme certains esprits timorés se sont imaginé de le craindre, à un travail chagrin de séparation, vous réalisez une œuvre de sagesse autant que d'équité. Votre cœur a trop saigné pour la France pour que jamais l'étendard semé d'alérions puisse supplanter les trois couleurs, mais pourquoi vous serait-il refusé de marier deux drapeaux qui ont mené vos pères au combat et, disons-le, à la victoire ?

C'est grâce à vous que la vie lorraine s'épanouit si intense en une floraison d'ouvrages, de publications et de sociétés, filles et émules de la vôtre.

C'est grâce à vous que le Musée Lorrain, naguère dévasté par l'incendie, ouvre de nouveau ses galeries à tous les débris, humbles ou glorieux, de notre antique nation.

C'est grâce à vous que, chaque année, au service anniversaire que l'auguste Maison d'Autriche fait célébrer pour les Ducs, ses ancêtres, la solitude de ce sanctuaire se peuple quelques instants d'une foule attendrie.

C'est grâce à vous encore que sur la colline désolée où jadis s'éleva le dernier rempart de l'indépendance lorraine, l'héroïque et infortunée cité de La Mothe, se dresse aujourd'hui, témoignage de gratitude et emblème d'espérance, la pyramide élégante et sévère qui porte cette fière devise : « *Gloria victis.* »

Oui, Messieurs, vous restez fidèles à votre mission ! vous êtes vraiment les gardiens attentifs des souvenirs lorrains ! Aussi, en ces fêtes du Cinquantenaire de votre Société, vous ne pouviez oublier ces hommes à qui vous vous reconnaissez redevables de si généreux sentiments. Bien des fois, durant ces jours, et dans les réunions intimes et dans les assemblées solennelles, vous redirez leurs noms, vous invoquerez la mémoire de M. Châtelain, votre premier président ; de M. Henri Lepage, cette vivante incarnation de votre Société ; de MM. Bretagne et Beaupré, ces collectionneurs délicats ; de M. Louis Lallement, ce savant si affable qui savait si bien gagner les travailleurs aux études locales (je puis en parler d'expérience) ; de M. Lemercier de Morière dont l'Archéologie lorraine pleure encore la perte prématurée, et de tant d'autres qu'ici je ne puis, ni n'entends nommer, car vouloir dresser une liste complète serait m'exposer à de regrettables omissions. Vous rappellerez leurs œuvres, vous conterez leurs travaux, vous admirerez leur ardeur, leur énergie, leur constance ; mais, auparavant, vous avez voulu vous recueillir au pied des autels et prier le Dieu des Miséricordes d'unir dans une commune allégresse ceux qui ont semé dans les pleurs et ceux qui recueillent aujourd'hui dans la joie.

Cette démarche, Messieurs, vous honore ; permettez à un maître de la jeunesse lorraine de vous en féliciter. En vous voyant garder une telle communion d'idées et de sentiments avec les générations d'hier, il se sent au cœur une douce et ferme espérance. Oui, la génération de demain, instruite par de si beaux exemples, sera digne de ses aînées, elle saura unir, en un faisceau puissant, l'amour de l'Eglise, de la France et de la Lorraine. « *Funiculus triplex non rumpitur !* » C'est le vœu de mon cœur ! Dieu daigne l'exaucer.

Au sortir des Cordeliers, fut continuée, conformément au programme, la visite, commencée la veille, aux monuments de la ville. C'était cette fois la Ville Neuve, celle de Charles III et de Stanislas, qu'il s'agissait de parcourir. On suit la terrasse de la Pépinière jusqu'à la place Stanislas, d'où l'on embrasse tout l'ensemble de l'œuvre si justement fameuse de l'architecte Héré.

Puis on pénètre dans l'Hôtel-de-Ville ; on s'arrête un instant, dans les salons du premier étage, notamment dans la grande galerie décorée par Morot, Friant et Prouvé; enfin on parcourt le musée de peinture, sous la conduite du conservateur M. Larcher ; et ce musée présente tant d'attraits qu'il faut presque faire violence aux voyageurs qui s'attardent à cette première partie de la promenade.

Nous ne pouvons que regarder de loin la porte Saint-Georges. jadis l'objet de tant de polémiques. Il faut aussi se hâter à la Cathédrale, dont le trésor offre cependant aux visiteurs ces pièces admirables : le calice et l'évangeliaire de saint Gauzlin. Mais nous devons être retenus longtemps à la Bibliothèque publique, installée magnifiquement dans les bâtiments de l'ancienne Université, et dont l'organisation libérale peut servir de modèle à tous les établissements similaires, de province et même de Paris. Les visiteurs y sont reçus par M. l'adjoint Le Monnier, représentant la Commission administrative, et par M. J. Favier, conservateur, qui s'attache à expliquer le fonctionnement des importants services dont il est chargé. Au départ, le dernier ouvrage dû à son infatigable labeur, le Catalogue des collections du fonds lorrain, est offert au nom de la municipalité, à chaque délégué des Sociétés savantes.

C'est une autre bibliothèque, plus spéciale, mais non moins curieuse, que l'on vient ensuite admirer au Grand Séminaire, dans l'ancienne maison des Missions du roi Stanislas. M. le chanoine Mangenot, qui fait les honneurs de ce vaste édifice, conduit ensuite le groupe encore nombreux des visiteurs à la chapelle, à la galerie qui contient le buste en marbre du roi de Pologne, enfin à l'immense jardin qui est resté disposé comme au temps du royal fondateur. Mais le ralliement est difficile au milieu de ces vastes espaces, et c'est à peine si quelques-uns peuvent arriver à la dernière station du programme, à l'église de Bonsecours, l'ancienne chapelle des Bourguignons, qui mériterait à elle seule une étude prolongée, et dont l'histoire, tout récemment écrite par M. l'abbé Jérôme, nous est offerte à titre de souvenir.

Mais il est midi, la chaleur est pesante, il est temps de terminer cette longue promenade et de prendre un peu de repos, pour se préparer à la séance publique de quatre heures, qui constitue la grande manifestation du Cinquantenaire.

On a choisi pour le lieu de cette réunion le salon carré de l'Hôtel-de-Ville, auquel on accède par l'escalier monumental qui fait le fond du vestibule. Tandis que le public arrive par cette grande entrée, le Bureau de la Société et les Délégués se réunissent dans le cabinet du Maire, mis gracieusement à la disposition des organisateurs. A l'heure indiquée, la salle est bien remplie ; devant l'estrade, une rangée de fauteuils est réservée aux autorités ; les fraîches toilettes des dames tranchent heureusement au milieu des rangs pressés des auditeurs.

Le président ouvre la séance en rappelant brièvement le but de la réunion et en énumérant les noms des délégués qui se sont rendus à l'appel de la Société ; puis M. Ch. Guyot se lève pour donner lecture de son discours sur « les Origines et les Développements de la Société d'archéologie lorraine et du Musée historique lorrain ».

Messieurs.

Il faut une circonstance aussi grave que la célébration d'un cinquantenaire, pour que la Société d'Archéologie lorraine vous convoque comme aujourd'hui en séance plénière, et solennise par des discours et par des fêtes ses actes, qui d'ordinaire n'ont d'autres témoins que les membres habitués de ses réunions mensuelles. Ainsi l'ont voulu nos fondateurs, et, en cela comme pour tout le reste, nous nous efforçons de suivre les traditions qu'ils ont établies. Mais à cet égard la règle n'est pas sans exceptions ; nous avons déjà des exemples mémorables de séances semblables, qui font époque dans notre vie sociale. L'une des plus fameuses, à laquelle il convient de se reporter, à cause de la date ineffaçable dont elle a consacré le souvenir, a été celle du 22 mai 1862.

Cette séance fut un véritable triomphe pour une Société qui n'avait encore que quatorze années d'existence, et qui pouvait déjà montrer avec orgueil la réalisation de promesses difficiles à tenir : on inaugurait alors, au Palais ducal, la Salle des Cerfs, et le Musée historique lorrain recevait ce jour-là, avec un cadre digne de l'idée qui l'avait fait naître, une consécration définitive. Dans cette solennité, deux hommes, qui avaient été les principaux artisans de l'œuvre, eurent l'honneur bien mérité de proclamer les résultats de tant d'efforts ; le président, Henri Lepage, dans un beau discours (1) sagement ordonné, méthodiquement documenté, comme tout ce qui sortait de la plume de l'éminent archiviste, raconta les origines, depuis la fondation de la Société, le 11 septembre 1848, jusqu'à l'introduction successive du Comité du Musée dans le Palais ducal, arraché péniblement, morceau par morceau, aux services publics entre les mains desquels il était tombé ; — puis, l'assemblée eut la vive surprise d'entendre déclamer d'une voix sonore tout un poème en vers (2), dans lequel le baron de Dumast, secrétaire perpétuel, célébrait la grandeur de la vieille Lorraine et affirmait sa foi en l'avenir ; la Lorraine n'était point morte, elle allait revivre, toujours glorieuse ; la résurrection de la Salle des Cerfs était le symbole de sa destinée, et Nancy, nouvelle Athènes, allait voir les peuples accourir aux marches de son Parthénon !

Dans cette succession des deux orateurs, de caractères et de talents si dissemblables, dans l'emploi de ces deux formes de l'éloquence, la prose et les vers, il y avait un symbole, dont le sens ne pouvait échapper aux auditeurs : toute œuvre exige le concours d'éléments aussi différents qu'ils sont indispensables, le sens pratique et l'imagination. La conception d'une grande idée, les longs souvenirs et les vastes pensées, tel est l'apanage du poète, qui fait sortir de son cerveau le projet tout formé et qui enflamme les esprits pour concourir à son exécution ; tandis que le

(1) *Du passé, du présent et de l'avenir du Musée lorrain*, 22 p.

(2) *La Salle des Cerfs et tout ce qu'elle a vu*, 21 p.

Voir ces discours avec le compte-rendu de la séance, à la fin du tome XII des *Mémoires* de la Société.

choix des moyens, l'effort persévérant, le courage obstiné en face des difficultés journalières, c'est le lot de l'humble prose, qui travaille sans relâche et assure définitivement le succès. Cette heureuse association, personnifiée par Lepage et de Dumast, s'est longtemps prolongée ; nous la verrons se manifester aux époques critiques de notre histoire ; c'est elle qui nous a permis de vaincre et de prospérer.

Il me faudrait reproduire ici presque en entier les discours du 20 mai 1862 pour exposer en détail comment furent créés la Société d'archéologie et le Musée lorrain, comment surtout le Palais ducal fut sauvé de la ruine et affecté à sa destination actuelle. Toutefois, dans ces documents si complets, qui sont le commentaire le plus sûr de nos origines, je me permettrai de signaler une lacune. Sans doute, la date du 11 septembre 1848 est celle de notre formation dans les conditions et avec les statuts que nous avons conservés depuis cinquante ans ; mais cette formation n'a pas été spontanée ; une longue période d'incubation l'a précédée, et il me paraît juste autant qu'utile de remonter jusqu'à cette époque antérieure, qui explique comment fut déposé le germe dont la lente éclosion nous a faits tels que nous sommes.

C'est le 3 septembre 1819 qu'un arrêté préfectoral constitua dans le département de la Meurthe la première Commission des Antiquités. Remarquons cette initiative du Gouvernement, dans une matière qui nous paraît aujourd'hui presque étrangère à ses multiples attributions : c'est qu'on sortait à peine de l'Empire, qui avait renouvelé en l'amplifiant la centralisation de l'ancien régime ; la Restauration à son tour n'avait pas répudié ce que l'on considérait alors comme une règle nécessaire : c'est de Paris que l'impulsion doit venir, et cet axiome a été si religieusement accepté que maintenant encore, après bientôt un siècle, nous avons peine à prendre conscience de notre activité provinciale. Voilà comment la circulaire du ministre de l'intérieur de 1819 se réfère à une autre circulaire de 1810 pour établir dans toute la France, sous la direction et l'autorité des préfets, des commissions correspondantes de l'Académie royale des Inscriptions et Belles-Lettres, qui doit donner les instructions et centraliser les travaux (1).

Si l'on fait abstraction de cette question de formes, nous n'avons aucune difficulté de reconnaitre que l'administration préfectorale de la Meurthe sut tirer de la Commission tous les résultats qu'on pouvait en attendre. Presque toujours le préfet exerce réellement la présidence ; bien plus, lorsqu'il s'appelle le marquis de Villeneuve ou le comte d'Allonville, il ne dédaigne pas de prendre part aux discussions, de composer et de lire des rapports. Surtout, il choisit heureusement ses collaborateurs ; ainsi, nous trouvons dans cette première commission M. de Haldat, les frères Lamoureux, M. Grillot et M. Chatelain architectes ; ce dernier, dont le nom reviendra bientôt dans l'histoire de notre Société. C'est principalement de la description et de la conservation des monuments antiques que l'on s'occupe dans ces réunions ; les ruines romaines de Scarpone ont surtout le privilège d'éveiller la curiosité de la petite compagnie. Notons aussi, dès 1819, une proposition de M. Grillot, grosse de conséquences pour l'avenir : il s'agit de restaurer une partie du Palais ducal, de manière à y établir un Musée des objets déjà recueillis et de ceux qui seront découverts ; le 10 juillet 1820, le même architecte présente le plan et le devis des travaux à exécuter dans ce but. Ces travaux parurent-ils trop coûteux ? Quoi qu'il en soit, la proposition ne reçut alors aucune suite ; elle ne devait être reprise que plus tard.

Puis la Commission fut dissoute, le 1er septembre 1824, sans que nous sachions les motifs de cette mesure. Elle ne

(1) Voir circulaire ministérielle du 8 avril 1819. *Recherches sur les antiquités de la France.*

fut reconstituée que par un arrêté du 29 décembre 1828. Dans l'intervalle, ses archives étaient recueillies par la Société royale des Sciences, Lettres et Arts, qui plus tard devait s'appeler l'Académie de Stanislas ; les objets antiques étaient déposés à la Bibliothèque publique de Nancy.

La seconde Commission des Antiquités de la Meurthe nous apparaît comme intimement liée à la Société royale de Nancy : c'est sur la présentation de cette Société que le préfet nomme ses membres ; c'est à elle que la Commission a recours pour obtenir des subsides et grossir ainsi les maigres crédits alloués par le budget départemental. Si l'on compare les procès verbaux de la Commission des Antiquités avec la table des Mémoires de l'Académie de Stanislas, on voit qu'un certain nombre de travaux historiques publiés dans ces Mémoires ne sont que le résultat des recherches de la Commission. Concurremment, les objets recueillis vont grossir le dépôt de la Bibliothèque publique, d'autres trouvent place à la Préfecture. Et cependant le projet de transfert au Palais ducal n'est pas abandonné ; M. Chatelain l'a repris, et sur son initiative, le 8 décembre 1829, la Commission décide à l'unanimité l'affectation au Musée lorrain d'une partie de cet édifice.

Les événements de 1830 exercèrent bientôt leur influence sur un organisme qui ne vivait que par la permission du pouvoir central. Visiblement, le nouveau Gouvernement se désintéresse d'une institution datant du précédent régime ; le préfet ne préside plus les réunions, et trop de soins lui incombent dans cette époque troublée pour que nous puissions nous étonner de son abstention. Laissés à eux-mêmes, les commissaires continuent d'abord à fonctionner en suivant l'habitude prise ; puis les réunions deviennent de plus en plus rares, enfin les procès verbaux ne sont rédigés qu'à de longs intervalles. Nous en trouvons cependant jusqu'en 1847, mais la machine administrative ne marche que péniblement, elle va bientôt s'arrêter tout à fait.

La responsabilité de cette rapide décadence ne doit certes pas être attribuée aux membres qui composèrent la seconde Commission : ils prenaient leur rôle au sérieux, et leur recrutement n'était pas inférieur à celui de la période précédente : il suffit de citer, à côté des noms que nous connaissons déjà, ceux de MM. Soyer-Willemet, de Dumast, Monnier, Beaulieu, Guibal, Beaupré, qui à des degrés divers ont rendu d'éminents services à la science historique en Lorraine. Ce qui manquait surtout à l'institution de 1819, c'était une base assez large pour intéresser le grand public à des questions qui ne devaient plus rester dorénavant enfermées dans le demi-jour des bureaux ou dans le cénacle discret d'une Académie. Qu'on le voulût ou non, il fallait bien reconnaître que le public devenait une puissance sans laquelle on ne pouvait entreprendre aucune œuvre durable.

Les promoteurs de l'idée lorraine à cette époque, en dehors de quelques illuminés que hantait la restauration du royaume d'Austrasie, formulaient leur programme avec une précision qui dénotait une expérience déjà longue : ils voulaient renouveler les études locales en rassemblant tous les documents concernant les anciennes familles et « les institutions de la patrie » ; ils voulaient aussi rechercher les monuments antiques, recueillir les vestiges de ceux qui ne pouvaient être conservés, préserver de la ruine les édifices encore debout. Et, comme les monuments sont pour le public la représentation la plus tangible du passé, c'est principalement à leur conservation que tendent tous les efforts. Voilà aussi pourquoi la création d'un Musée lorrain, l'installation de ce Musée dans les restes du Palais ducal, sont avant tout réclamées. Nous voyons alors entrer en scène des hommes qui n'avaient, à ce moment surtout, aucune attache académique : Jean Cayon, Thorelle, Henri Lepage : c'est par la voie toute nouvelle des journaux qu'ils s'efforcent de soulever le public et de faire, comme on dit aujourd'hui, une agitation en faveur de leurs revendications : le *Patriote*, le *Journal de la Meurthe* et l'*Espérance* discutent avec ardeur ces questions : on va jusqu'à Paris demander des articles aux publicistes en renom ; enfin, à la suite d'une session tenue à Strasbourg par la Société de conservation des monuments français, cette Société (1), par le puissant organe de M. de Caumont, attire sur la création d'un Musée à Nancy l'attention du monde savant.

Tout cela se passait vers 1840-42, et malgré tant d'efforts, l'œuvre n'aboutissait pas. On réclamait, on épiloguait, puis l'idée tant de fois retournée sous ses divers aspects, paraissait abandonnée. Et cependant elle était mûre, elle devait se faire jour, sous une forme il est vrai très inattendue, mais bien en harmonie avec les temps nouveaux : 1848 approchait, la jeune génération d'alors voulait agir, et ne limitait pas son action aux transformations politiques ; elle entendait bien la faire sentir jusque dans le domaine de la science et des arts. Sur tous les points de la France, les sociétés littéraires et scientifiques célèbrent en ce moment ou vont célébrer leur cinquantenaire : c'est que, dans presque tous les départements, à la même date de 1848, elles ont été créées ou renouvelées. S'il était permis de comparer deux sujets très dissemblables, nous pourrions dire que les Sociétés de la première partie de ce siècle, taillées sur le modèle des anciennes Académies, représentent le suffrage restreint, auquel succède le suffrage universel, symbole des groupements actuels. Le suffrage universel, avec sa force et ses faiblesses, introduit ainsi le *profanum vulgus* dans un domaine jusqu'alors réservé à un petit nombre d'adeptes. Heureuses les villes qui ont su concilier le présent et le passé, et qui, au moins dans la sphère des intérêts intellectuels, n'ont rien détruit

(1) C'est actuellement la « Société française d'Archéologie pour la conservation des monuments historiques », dont le directeur, M. le comte de Marsy, assiste à cette séance.

à cette époque redoutable. Nancy est de ce nombre, Messieurs, puisqu'à côté de la Société d'Archéologie lorraine et de beaucoup d'autres constituées sur la base la plus large, elle a gardé son Académie de Stanislas, notre *alma mater*, à laquelle, en fils respectueux, nous devons toujours affection et reconnaissance.

Ce fut, sur l'initiative de trois jeunes gens, Miller-Thiéry, Feyen et l'abbé Balthasar, que fut fondée la Société d'Archéologie lorraine, Société ouverte à tous, dans laquelle tous peuvent entrer à la seule condition de payer une cotisation modique ; elle devait s'occuper à la fois d'archéologie et d'histoire, mais la fondation du Musée et a conservation des monuments existants formaient le premier article de son programme (1). Et de fait, à peine constituée, elle produisit ce résultat, attendu depuis près de trente ans, d'éveiller pour tout de bon cette fois les pouvoirs publics, et de conduire presque immédiatement à la création du Musée historique lorrain. « Je suis informé, — dit, dans une lettre au Préfet, M. de Falloux, ministre de l'Instruction publique, à la date du 5 avril 1849, — qu'une Société, dite d'Archéologie lorraine, vient de se constituer dans votre chef-lieu, et qu'en première ligne de ses travaux elle se propose pour but la formation d'un Musée historique spécial dans la seule aile restante du Palais ducal de Nancy... » En conséquence, un arrêté préfectoral du 30 mars 1850 institua le Comité du Musée historique lorrain, élu pour la première fois par la Société d'Archéologie, qui devait prendre au moins les deux tiers des membres dans son sein ; de plus, afin d'assurer l'entière unité d'impulsion, le Comité recevait pour président et vice-président ceux de la Société même d'Archéologie lorraine.

On peut se demander s'il était nécessaire de créer ainsi

(1) Voir les statuts primitifs, joints à l'acte constitutif du 11 septembre 1848.

un organisme spécial, et s'il n'était pas plus simple de confier à la Société elle-même la mission en vue de laquelle ses fondateurs l'avaient constituée. Je sais bien que, dans l'idée de ceux qui rédigèrent les statuts de 1850, le Comité devait comprendre une élite des habitants de la circonscription lorraine, notamment les représentants des anciennes familles que l'on voulait intéresser à l'institution naissante. Mais grâce à l'extension rapide que prit la Société, non seulement à Nancy et dans la Meurthe, mais aussi dans les autres départements lorrains, il fut bien vite facile de trouver parmi ses membres tous les éléments d'un choix aussi satisfaisant que possible.

Cette institution du Comité à titre de grande commission permanente eut pour la Société un résultat remarquable : ainsi qu'on devait s'y attendre, tout ce qui concerne la création et le développement du Musée devint le domaine propre du Comité ; sans se désintéresser de cette œuvre, à laquelle elle ne cessa de contribuer, notamment par des subventions répétées, la Société s'appliqua davantage à des études historiques. Par l'effet des circonstances, sous l'influence d'auteurs qui étaient appelés à renouveler la science de dom Calmet, — je citerai notamment Augustin Digot et Henri Lepage, — elle devint surtout une Société d'histoire lorraine, de sorte que son titre, qui n'a jamais changé, ne correspond plus exactement à son caractère.

Lorsqu'en 1861 la Société eut été reconnue comme établissement d'utilité publique (1), ce bénéfice ne fut pas étendu au Comité, de sorte que la personnalité civile, l'aptitude à recevoir, à constituer un patrimoine, manquaient à cet organe qui en avait le plus besoin. Le remède à une si grave lacune fut appliqué seulement en 1872 : sur la proposition de M. Meaume, ce remède consista dans une fusion complète de la Société et du Comité (2). Depuis cette

(1) Décret du 9 janvier 1861.

(2) Décret du 24 décembre 1872.

époque, si le nom du Comité du Musée lorrain a été conservé, surtout à titre d'hommage pour des services rendus pendant vingt-deux ans, les attributions d'archéologie et d'histoire ont été si bien confondues dans le sein de la Société, que la mention spéciale de cette commission faite par nos statuts ne se comprend plus guère. Elle justifie cependant la présidence d'honneur attribuée au Préfet de Meurthe-et-Moselle et au Maire de Nancy : le premier, intermédiaire toujours bienveillant de la Société auprès de l'Administration centrale ; le second représentant de la Ville à laquelle la pleine propriété du Musée doit revenir un jour; tous deux nos puissants interprètes lorsqu'il s'agit d'obtenir du Conseil général ou du Conseil municipal aide et protection.

Mon but n'est pas, Messieurs, de vous faire un exposé complet de notre vie sociale pendant un demi-siècle : les publications émanées de la Société d'Archéologie lorraine renferment à cet égard tous les renseignements désirables. Mais de même qu'en commençant j'ai attiré votre attention sur une date notable de notre histoire, permettez-moi de me reporter encore à une époque douloureuse qui correspond à la période la plus critique que nous ayons traversée : je veux parler de l'incendie et de la restauration du Musée lorrain.

C'est le 17 juillet 1871, alors que Nancy subissait encore l'humiliation de l'occupation étrangère, qu'un accident détruisit en quelques heures le Palais ducal, et les collections laborieusement réunies depuis 1850. Qu'allait-on faire ? Pour arriver à ce résultat si rapidement anéanti, tous les moyens avaient été employés, toutes les formes de souscriptions épuisées ; qui oserait tenter encore, dans des conditions incomparablement plus difficiles, un effort que toutes les prévisions faisaient estimer inutile ? Nous devons le dire bien haut, au grand honneur de nos confrères d'alors, ils n'eurent pas une minute d'hésitation, ils ne désespérèrent pas un instant du succès. Le lendemain même du désastre, une réunion était décidée, sur l'initiative du préfet, M. de Montesquiou, et l'on discuta simplement la question des voies et moyens, la possibilité d'une restauration n'étant pas seulement mise en doute. Bien mieux, peu de temps après, alors que les ruines étaient encore fumantes et que les ressources n'étaient pas le moins du monde assurées, le Comité votait la reconstitution de la bibliothèque par l'acquisition d'une précieuse collection de l'abbé Marchal. Il y a dans cette imperturbable volonté un bel exemple de la ténacité lorraine, et j'oserai presque comparer la hardiesse du Comité à ce qu'on nous raconte du Sénat de Rome achetant le champ sur lequel campait encore Annibal.

Nous savons tous comment l'événement répondit pleinement à l'espérance si audacieusement proclamée : l'Empereur d'Autriche envoya cent mille francs, le Gouvernement français fit de même ; la Ville de Nancy abandonna les indemnités d'assurances ; grâce à une entente avec le département, le terrain nécessaire fut accordé et séparé de toute promiscuité dangereuse. Sous la direction d'un savant architecte, M. Bœsswillwald, le Palais ducal, au moins dans la partie correspondant à la Salle des Cerfs, fut relevé de ses cendres, plus brillant qu'il n'avait jamais été depuis les temps lointains où il abritait une maison souveraine. Enfin tous les Lorrains, s'associant à cette œuvre nationale, apportèrent au Comité les ressources suffisantes pour reconstituer les collections perdues : depuis elles n'ont cessé de s'accroître, et, malgré la destruction irréparable de monuments uniques, le Musée sera bientôt à l'étroit dans ces galeries que l'on pouvait craindre de ne jamais remplir.

Mais l'œuvre n'est pas terminée, et soit qu'il s'agisse du bâtiment, soit que nous envisagions les objets eux-mêmes qui doivent y être conservés, nous avons à poursuivre une tâche dont nous lèguerons certainement une part à nos successeurs. Réduits à nos propres forces, nous ne pourrions rien, car ce n'est pas aisément qu'on renouvelle le grand effort de 1872 ; du moins nous comptons sur le concours efficace de l'État et de la ville de Nancy : l'État, parce que notre magnifique Porterie et l'ensemble des restes du Palais ducal sont justement classés parmi les monuments historiques ; la Ville, parce que nous travaillons pour elle, parce que notre Musée devient de plus en plus populaire, plus fréquemment visité par nos concitoyens et par les étrangers. Avec ce double appui, les projets que nous avons formés pour l'extension de notre domaine aboutiront certainement, et dès lors il nous sera permis de développer toujours plus largement notre programme.

Dès l'origine, par un sentiment bien explicable de patriotisme local, ce Musée devait être exclusivement consacré à la « nation lorraine » ; rien avant 958, rien après 1766 ; telle était la devise de nos premiers fondateurs, qu'ils firent textuellement insérer dans la charte de création du Comité de 1850. Malgré notre respect pour nos devanciers, nous avons cru devoir cependant élargir leur formule : il nous a semblé que toutes les civilisations qui se sont succédé sur cette terre de Lorraine devaient être représentées dans notre Musée historique. C'est ainsi que la date de 1766 n'a plus été observée, car notre histoire se continue, tout aussi intéressante, depuis notre union à la patrie française ; c'est ainsi notamment que, remontant jusqu'aux époques préhistoriques, nous avons composé toute une série extrêmement remarquable d'objets appartenant aux plus anciens habitants de notre sol, et que nous avons relié ces temps lointains au moyen-âge en passant par les périodes dites gallo-romaine et mérovingienne. En comprenant ainsi sous une définition plus complète le but que nous voulons atteindre, nous estimons n'avoir pas dérogé à l'esprit de notre institution.

Je ne donnerai pas ici de plus longs détails sur ce Musée, le résultat le plus tangible de nos efforts, que chacun peut apprécier facilement, grâce à sa belle ordonnance et à son récent catalogue (1).

Mais, nous l'avons vu, notre Société ne s'occupe pas seulement d'archéologie ; l'histoire du pays constitue une seconde branche, tout aussi importante que la première, et nos publications témoignent de la part considérable que nous avons prise dans la rénovation des études lorraines. Je ne puis encore, sur ce chapitre, que me borner à une sèche énumération : 47 volumes de *Mémoires*, 46 de *Journal*, enfin 18 volumes de *Documents* sur l'histoire de Lorraine, tel est le bilan de nos productions depuis cinquante ans. Dans cette énorme quantité de matériaux amassés et mis en œuvre, tout n'est pas d'égale valeur : il n'en est pas moins vrai que les questions traitées dans nos recueils avec compétence, souvent même avec talent, sont extrêmement nombreuses, et que nous pouvons nous féliciter à bon droit des services ainsi rendus à la science par nos collaborateurs. Il est à désirer que ces publications se poursuivent, comme quantité et comme qualité, telles qu'elles ont été commencées : de longtemps encore la matière ne risque pas de faire défaut, surtout si, franchissant la limite, jusqu'à présent maintenue, de 1789, nous nous décidons à aborder enfin la période si riche et si intéressante de la Révolution et de l'Empire.

C'est principalement par ses publications historiques que notre Société me semble réaliser le type de ces groupements modernes dans lesquels la coopération d'un grand nombre d'adhérents permet d'arriver à des résultats auxquels ne sauraient prétendre des travailleurs isolés. Chez nous, tous les membres participent au mérite de ces publications, puisque c'est grâce aux cotisations versées par

(1) 7e édition, par L. Wiener, in-8, 320 p. Nancy, 1895.

tous que peuvent être imprimés chaque année deux ou trois volumes, dans lesquels se trouvent condensés des travaux qui, à défaut de cette organisation, ne verraient sans doute jamais le jour. En outre de ce caractère, qui nous est commun avec toutes les associations analogues, en voici d'autres, que nous revendiquons plus spécialement, et qui expliquent les heureux résultats auxquels nous sommes parvenus après ce premier demi-siècle d'existence. D'abord une grande simplicité dans l'organisation intérieure ; puis, malgré des statuts permettant un renouvellement annuel du bureau, une stabilité de fait qui permet la suite dans les idées, l'existence de traditions mûrement établies et soigneusement conservées ; enfin le concours heureux d'un groupe considérable d'écrivains, d'artistes et de savants, qui sont la gloire de notre Société et de la Lorraine moderne.

Ce serait ici le lieu de louer comme ils le méritent tous ces hommes auxquels nous devons tant, aussi bien les disparus auxquels nous avons porté déjà ce matin l'hommage religieux de nos souvenirs, que ceux qui vivent encore, qui nous entourent en ce moment ou qui par la pensée se joignent à notre fête. Si je ne remplis pas ce devoir aussi complètement que vous l'attendez peut-être, croyez-bien, Messieurs, que ce n'est pas la bonne volonté qui me manque, et que je suis surtout retenu par la crainte de prolonger cette séance au-delà des limites permises. Et puis, pour nos membres défunts, une pieuse coutume nous fait conserver dans notre Journal mensuel des notices biographiques, la plupart très complètes, qui retracent avec détails l'existence de tous ceux qui par leurs écrits ou par leurs libéralités se sont montrés dévoués à notre œuvre, de sorte que pour nous au moins ils ne meurent pas tout entiers. Quant aux vivants, il ne me déplaît pas de faire mentir une définition, donnée par un Parisien sans doute, de la Société de province, en montrant que nous sommes autre chose qu'une simple association d'admiration mutuelle. Pour ces motifs, je serai très bref dans cette partie de mon exposé.

Il est cependant quelques noms qui sont sur toutes vos lèvres et que je me reprocherais de ne pas rappeler : ce sont les noms de ceux qui, aux époques critiques, ont tenu le gouvernail, et auxquels nous sommes principalement redevables des résultats acquis. Tout d'abord, à l'origine, ce fut M. Charles-François Châtelain qui accepta de présider la Société naissante ; s'il se retira deux ans après de ce poste d'honneur, dès qu'il eut assuré la première organisation et remis entre bonnes mains le soin de continuer une tâche heureusement commencée, M. Châtelain ne cessa pas pour cela de s'occuper avec ardeur du Musée, auquel il consacra libéralement tout son temps, le talent et l'expérience d'un artiste et d'un savant.

Que dirai-je de son successeur à la présidence, Henri Lepage, qui pendant trente-six ans a conservé la direction de la Société d'Archéologie lorraine ! Grâce à son immense labeur, l'intérêt de nos publications n'a pas langui un seul instant ; il était toujours prêt ; par lui, l'histoire de Nancy et de la Lorraine a été renouvelée. Je passe sur ses autres mérites, que j'ai eu jadis le triste devoir d'énumérer quand nous l'avons perdu, et je me borne à constater que jamais ne fut mieux mérité ce monument de bronze qu'une souscription publique lui a consacré dans la Salle des Cerfs, au Palais ducal.

Dans cette même salle, le visiteur remarque deux autres bustes : ceux de deux hommes qui, à des titres différents, sont l'un et l'autre l'honneur de notre pays. A côté du profil sévère d'Augustin Digot, historien de la Lorraine et de l'Austrasie, auquel conviendrait, au moral comme au physique, le froc des Bénédictins dont il fut l'émule, resplendit la figure ouverte et parlante du baron de Dumast, auquel Nancy doit le rétablissement de son antique Université et dont nous avons déjà montré le rôle prépondérant lors de la restauration de notre Musée. Il fut notre premier secrétaire perpétuel, et,comme le titulaire de cette charge a dans ses attributions le soin de représenter la Société au dehors, on peut dire que, grâce à ses relations universelles, à la grandiloquence de son tempérament de poète, jamais nous n'avons eu dans le département de nos affaires étrangères de plus magnifique ambassadeur.

M. de Dumast disparu, la charge qui avait été créée pour lui a été depuis occupée par trois autres titulaires : M. Ch. Laprevote, puis M. Bretagne, tous deux collectionneurs éminents, savants bibliophiles et numismates distingués ; enfin notre collègue actuel, M. Léon Germain, duquel je ne puis rien dire, à cause du serment que j'ai fait tout à l'heure, sinon qu'il est pour nos publications ce qu'était jadis Henri Lepage, et que si notre Société conserve au dehors son ancienne notoriété, c'est surtout à lui qu'elle le doit.

Je ferai une seconde et dernière infraction à la règle que je me suis tracée en saluant deux hommes qui ont été et qui demeurent les organisateurs des collections de notre Musée : M. Ch. Cournault et M. L. Wiener. Depuis 1861, date à laquelle le Comité crut devoir concentrer les pouvoirs auparavant exercés par tous ses membres entre les mains d'un Conservateur unique, le poste n'a eu que ces deux titulaires : le premier compte ainsi trente-sept ans de fonctions actives et d'honorariat ; le second atteindra bientôt la trentaine. Vous avez pu juger, Messieurs, les résultats de leurs efforts ; je souhaite pour le Musée lorrain qu'il reste longtemps sous une aussi excellente direction.

J'ai fini, Messieurs ; mais, comme dans un bulletin militaire, après avoir nommé les chefs il convient ensuite de rendre hommage aux soldats, sans lesquels eussent été vains les plus beaux ordres de bataille, pareillement ici, je veux encore rappeler combien nous sommes redevables à cette foule de collaborateurs qui nous ont accordé l'indispensable appui de leur adhésion morale, de leur plume et de leur bourse. Ils étaient une centaine au début ; maintenant qu'ils sont cinq cents environ, vous voyez à quels résultats notre Société arrive ; que ne ferait-elle pas si ce chiffre était doublé ? Quelle force pour la lutte ! que de beaux travaux seraient possibles, et quels magnifiques projets une telle extension nous permettrait d'entrevoir ! Mais je n'insite pas, puisqu'aussi bien je ne puis que former des souhaits ; c'est à vous, Messieurs, de décider si ces souhaits deviendront des réalités.

Certes, la légitime satisfaction que nous procure la réunion d'aujourd'hui, les témoignages de sympathie qui nous sont prodigués, et aussi le souvenir des services rendus depuis cinquante ans à la cause lorraine, nous donnent bon espoir pour l'avenir ; et cependant, nous ne pouvons sans appréhension nous tourner vers la génération nouvelle, cette jeune génération qui doit nous remplacer bientôt. Que sera-t-elle pour notre œuvre ? c'est là l'inconnu, et un inconnu redoutable.

Ces jeunes gens, que nous voyons grandir dans l'aurore du XXe siècle, ont déjà sans doute de superbes desseins : tous les problèmes anciens que nous n'avons pu résoudre, tous ceux que les rapports sociaux font naître à notre époque troublée, ils se chargent, avec l'heureuse assurance de leur âge, d'en venir facilement à bout. Au milieu des vastes entreprises qu'ils méditent, conserveront-ils assez d'attention pour cultiver cette idée lorraine que nous avons reçue de nos devanciers et que nous voulons leur transmettre ?

Puissions-nous leur persuader que nos études ne sont pas indignes d'eux, qu'elles rentrent merveilleusement, au contraire, dans le programme de large décentralisation qui paraît être adopté maintenant par tous ceux qui se soucient de la prospérité de notre pays. De toutes parts, les anciennes provinces françaises sortent du tombeau où depuis 1790 on les croyait ensevelies ; toutes réclament, dans la forme compatible avec les nécessités de l'État moderne, une nouvelle organisation administrative, fondement de libertés locales dont après tant de révolutions successives la formule n'a pas encore été trouvée. Qu'il soit nécessaire de faire quelques réserves sur l'efficacité de ces réformes, qui ne sauraient donner la panacée souveraine de toutes les difficultés sociales, nous l'admettrons volontiers ; mais nous n'en croyons pas moins à la restauration prochaine de ces organismes provinciaux, et nous espérons qu'ils deviendront les plus fermes soutiens de la patrie française. Or, parmi les grands souvenirs qu'évoque l'ancienne France, il n'en est pas de plus grands que ceux de l'histoire lorraine.

Nous avons tous applaudi, dans la fiction d'un poète, ce Cyrano de Bergerac qui incarne une vaillante province, et c'est le cœur serré par une patriotique émotion que, nous inclinant devant ces braves gens qui savent si bien mourir, nous avons salué « les cadets de Gascogne ». Mais sachons le bien, dans notre histoire lorraine nous trouvons d'aussi vaillants caractères, et nous pouvons justement crier : « Vive les cadets de Lorraine ! » Ils ont rempli le monde de leur grande renommée, depuis l'époque héroïque des René, puis des Guise, jusqu'aux jours plus voisins de nous, où, généraux et maréchaux d'Empire, ils ont rendu possible cette épopée fameuse qui montre ce que l'on peut toujours attendre des fils des Gaulois et des Francs. Ici, les hyperboles des poètes ne sont point des mensonges : nous pouvons être fiers de notre histoire, autant et plus que le Languedoc et la Provence, que la Bretagne et la Normandie.

C'est pour cela que notre Société, avec ses cadres tout formés, avec son programme d'études poursuivi patiemment depuis un demi-siècle, se présente à la jeune génération comme un puissant instrument dont elle voudra se servir pour réaliser ce but, digne des plus nobles ambitions : reconstituer, au sein de la France puissante et libre, la Lorraine, avec ses frontières séculaires, avec son patrimoine de gloire, qu'une dynastie nationale, la plus illustre après celle des fleurs de lys, avait édifiée, pour l'éternel honneur de notre pays.

M. Philippe Berger, délégué du Ministère de l'Instruction publique, qui a bien voulu, pour la circonstance, revêtir l'habit à palmes vertes de l'Institut, prend alors la parole et prononce l'allocution suivante :

Monsieur le Président,
Mesdames et Messieurs,

Je me sens très honoré d'avoir été désigné par M. le Ministre de l'Instruction publique pour le représenter à cette cérémonie.

Bien d'autres auraient été mieux qualifiés pour parler de vos travaux comme ils le méritent ; mais M. le Ministre a peut-être songé aux liens de famille et d'affection qui m'unissent à Nancy, et font qu'au milieu de vous je me sens en pays de connaissance.

La personne importe peu ; la seule signification de ma présence parmi vous est de vous témoigner l'intérêt tout particulier que le Ministère et le Comité des travaux historiques portent à votre Société.

Cet intérêt, Messieurs, ne date pas d'aujourd'hui. Voilà 38 ans que vous avez été reconnus Etablissement d'utilité publique, et depuis cette époque, toutes les fois que vous avez entrepris des travaux sortant de votre cadre habituel, le Ministère a tenu à les encourager par des subventions pécuniaires, plus faibles qu'il ne voudrait, mais qui marquent l'estime où l'on tient vos travaux.

Vous avez aussi obtenu le classement du Palais ducal comme monument historique, et, après l'incendie de 1871, il a été reconstruit en partie aux frais de l'Etat, par un homme, M. l'Inspecteur général Boeswillwald, dont vous me voudriez de ne pas rappeler le souvenir en cette occasion.

Vous êtes une des Sociétés d'histoire et d'archéologie dont nous sommes le plus justement fiers et vous êtes vraiment un établissement d'utilité publique. Depuis le jour déjà lointain où votre Société s'est fondée, elle a bien servi la Science et elle a bien mérité de Nancy et de la Lorraine.

Vous travaillez avec une méthode excellente et vous donnez l'exemple d'une activité scientifique que l'on voudrait rencontrer partout.

Surtout vous avez toujours eu, ainsi que le montrait à l'instant votre président, et j'ajouterai : vous avez encore à votre tête des hommes éminents qui non seulement font eux-mêmes des travaux remarquables, mais qui ont sû maintenir les publications de la Société d'archéologie lorraine dans la voie austère qui leur assure une valeur durable et les fait contribuer de la façon la plus utile à la constitution de cet inventaire des richesses artistiques et archéologiques de la France, qui est formé par les contributions des savants disséminés sur toute la surface de son territoire.

L'histoire de la patrie française est faite de l'histoire de ses diverses provinces, il faut pour en recueillir les matériaux des hommes vivant sur place, qui sachent interroger le passé, et provoquer chez ceux qui les entourent une curiosité féconde. C'est là l'œuvre à laquelle vous vous êtes consacrés, Messieurs. Votre Société ne se livre pas à des travaux d'érudition générale qui pourraient trouver leur place toute autre part aussi bien qu'ici; elle veut être — c'est le secret de sa force et de la popularité légitime dont elle jouit — une société d'histoire et d'archéologie locales. Elle cherche à ressusciter le passé glorieux de la Lorraine, et elle le fait revivre dans ce Musée lorrain qui est comme l'illustration perpétuelle de vos travaux et qui doit tant à la libéralité éclairée de la Municipalité de Nancy, tant aussi au zèle infatigable de son conservateur.

Et quelle histoire est la vôtre ! Un peuple qui a dans son passé une dynastie de princes dont la durée égale presque la durée de la plus longue dynastie de nos rois, et qui a donné de tout temps des souverains à l'Europe, et à la France des héros, ce peuple possède une force de traditions qui est une garantie de durée et qui offre la plus riche matière aux recherches des historiens. Le passé à Nancy se continue dans le présent. Il ne revit pas seulement dans les collections de votre Musée, il vit dans les salles de ce Palais ducal qui lui forment un cadre merveilleux, il vit dans la place Stanislas, qui brille au milieu de votre belle ville de Nancy comme un joyau sur la poitrine d'une femme, dans vos églises, dans vos arcs de triomphe, dans vos anciennes portes et dans tous ces monuments que vous conservez à raison avec un zèle pieux.

Dans la poursuite de votre œuvre, le concours du Ministère de l'Instruction publique et du Comité des travaux historiques vous est assuré. Mais vous n'êtes pas de ceux qui sont habitués à ne compter que sur l'État. Vous appartenez à une ville qui prouve chaque jour par les sacrifices qu'elle fait pour ses institutions artistiques et scientifiques, ce que peut l'initiative individuelle. Et si elle se place ainsi à la tête du progrès, si elle s'impose ces sacrifices, c'est qu'elle a conscience de son passé.

Messieurs, quand dans une province le sentiment local est développé, le patriotisme y est ardent. C'est ainsi qu'en travaillant à faire connaître et à faire aimer le passé, vous préparez l'avenir et vous contribuez à faire de Nancy cette avant-garde vers laquelle nous avons toujours les yeux tournés avec une émotion pleine de sollicitude et de confiance. Continuez donc à développer autour de vous cette activité intellectuelle et cet esprit de recherches consciencieuses et indépendantes qui sont la force d'un pays, et en travaillant pour l'honneur d'une province dont vous êtes justement fiers, vous travaillerez à la grandeur de la France.

M. le comte de Marsy, directeur de la Société française d'Archéologie, rappelle à son tour, dans une chaleureuse improvisation dont voici le résumé, les souvenirs qui depuis 1850 ont rattaché Nancy à la Société française :

Monsieur le Président,
Monsieur le Délégué du Ministre,
Mesdames, Messieurs,

En 1848, l'Institut des provinces, présidé par Arcisse de Caumont, fondateur de la Société française d'Archéologie, avait décidé de tenir à Nancy un Congrès que les événements politiques obligèrent à reporter à 1850, et, par une coïncidence que j'ai eu plus d'une fois à constater, c'est de cette époque que date la fondation de la Société d'archéogie lorraine. Permettez-moi de croire que l'influence de mon prédécesseur ne fut pas étrangère à la naissance de l'association dont vous nous avez conviés à célébrer les noces d'or.

J'ajouterai que c'est pendant le Congrès scientifique de Nancy de septembre 1850 que sur la proposition de M. Noel, notaire honoraire, fut décidée la formation de ce Musée lorrain, aujourd'hui si richement doté et qui n'a cessé d'être l'objet de la sollicitude de votre Société.

Peut-être est-ce à ce souvenir que je dois, moi Picard et

connaissant peu les monuments de votre pays, d'être appelé à prendre la parole dans cette réunion solennelle. Mais, hélas! c'est surtout dans les livres que j'ai visité la Lorraine, dans les œuvres de vos archéologues que, plus heureux sous ce rapport, j'ai été mis à même de connaître.

Le premier en date est M. Bretagne, alors fonctionnaire dans l'Aisne comme mon père, et que dans ma jeunesse j'ai vu plus d'une fois s'entretenir avec lui de ces questions de numismatique du moyen âge, dans lesquelles il était si profondément versé. Aux réunions du Congrès de l'Institut des provinces je rencontrais le baron Guerrier de Dumast, qui a si largement contribué au mouvement historique dont Nancy est le centre depuis un demi-siècle. Quelques années plus tard, je voyais M. Cournault exécutant sur les bords du Rhin les beaux dessins d'antiquités qui forment aujourd'hui un des fonds les plus précieux du Musée de Saint-Germain-en-Laye. Au même temps, j'entendais chaque année aux réunions de la Sorbonne M. Lepage venir faire connaître le résultat de ses nouvelles découvertes dans vos archives.

Depuis vingt ans, ces relations sont devenues plus étroites. Vous aviez organisé le premier de ces Congrès d'américanistes qui ont pris depuis un si grand développement, et l'entreprise paraissait hardie. Deux ans après, nous nous retrouvions à Luxembourg, où je rencontrais pour la première fois M. le conseiller Lucien Adam et M. Léon Germain de Maidy.

Appelé peu après à la présidence de la Société française d'Archéologie, j'ai eu avec les vôtres de plus fréquents et plus étroits rapports. Si la Société française ne compte à Nancy qu'un petit nombre de membres, je serais tenté de leur appliquer un proverbe banal. Car ce sont M. Lucien Wiener, l'amateur délicat, le bibliophile passionné, à qui vous avez confié la garde de votre Musée, et M. Léon Germain, qui déploie dans ses fonctions de secrétaire perpétuel une activité qui vous rend pour beaucoup de Sociétés un objet d'envie.

Il y a quelques années, je proposais une sorte de libre-échange littéraire, demandant que chacun des travaux publiés dans nos Sociétés provinciales soit signalé à celles des associations similaires qu'ils intéresseraient plus particulièrement. Je ne me dissimulais pas que ce projet était un rêve que je pensais irréalisable sans le concours de l'Etat... La Société d'Archéologie lorraine l'a exécuté. Dans chacun des numéros de votre *Journal* se trouvent mentionnées les publications, les découvertes qui intéressent Nancy et la Lorraine, et, non seulement elles sont analysées, mais complétées par des critiques et des éclaircissements, où reparaît le plus souvent la signature L. G.

Mon ami m'en voudra de froisser ainsi sa modestie, mais je dois dire devant vous en quelle estime nous tenons ses recherches, combien nous désirons le voir réunir en un volume, par exemple, ces articles sur les emblèmes de vos ducs, dont le *Bulletin monumental* a eu souvent la primeur.

La Société française d'Archéologie, Messieurs, a voulu s'associer à ce Cinquantenaire auquel vous l'avez si aimablement conviée en reconnaissant les travaux de votre secrétaire perpétuel qui est aussi notre inspecteur divisionnaire, et en lui décernant une de ses grandes médailles de vermeil que je suis heureux de lui remettre au nom du Conseil.

Ces deux allocutions, et surtout la distinction si méritée obtenue par M. L. Germain, sont accueillies par d'unanimes applaudissements.

La séance continue par une conférence de M. le docteur Bleicher, qui a choisi pour sujet : « Les Sciences préhistoriques en Lorraine. Origine, développements, résultats acquis. »

Messieurs,

« Les progrès des sciences préhistoriques sont un des « faits remarquables de notre époque ; nous avons retrouvé « des aïeux absolument oubliés, et restitué à l'histoire des « siècles inconnus. »

Telles sont les expressions dont se sert M. de Nadaillac, un des maîtres et des vulgarisateurs les plus écoutés de ces nouvelles sciences.

Notre but, en prenant la parole dans cette solennité, est de vous montrer, dans un exposé précis, que ces paroles sont justifiées pour la Lorraine surtout, dans les cinquante années qui viennent de s'écouler depuis la fondation de la Société d'archéologie.

Mais, avant d'entrer dans notre sujet, il convient, pour éviter toute équivoque, d'expliquer ce qu'il faut entendre par ces mots : *sciences préhistoriques*. On donne ce nom à l'ensemble des sciences qui s'occupent, à l'aide des ressources dont elles disposent, de tout ce qui regarde le passé de notre race avant les documents écrits, *date variable suivant les pays*, mais qui pour la Lorraine est très rapprochée des moments où les Romains ont apparu.

La géologie vient en première ligne dans cet ensemble, suivie de près par la paléontologie, la minéralogie, la botanique et, dans bien des cas, par la chimie et la physique. Une mention spéciale doit encore être accordée ici à une nouvelle venue, l'anthropologie, qui joue dans certains cas le rôle prépondérant.

Les sciences préhistoriques sont elles une floraison spontanée, et ce nouvel ordre d'études, à la fois scientifique et archéologique, a-t il des racines plus profondes, plus anciennes, cachées au profane, que nous devons mettre au jour, pour rendre pleine justice à ceux qui nous ont précédés ?

Le savant professeur Godron, initiateur parmi nous de

ces sciences nouvelles, n'allait pas au delà de 1858, date de la découverte de la station préhistorique des grottes de Pierre-la-Treiche, dans son : *Histoire des premières découvertes, faites aux environs de Toul et de Nancy, de produits de l'industrie primitive de l'homme* (1). Les « *Recherches archéologiques de la Lorraine avant l'histoire* » de M. Barthélemy, ouvrage couronné par l'Académie de Stanislas, et publié dans les mémoires de la Société d'archéologie lorraine en 1889, vont plus loin, et nous ramènent au XVIIIe siècle.

C'est, en première ligne, le mémoire de l'ingénieur militaire La Sauvagère, paru en 1740 sous le titre : *Recherches sur la nature et l'étendue du briquetage de la Seille*. On sait que, suivant Dom Calmet, il fit du bruit en province et jusqu'à la cour. Il marque l'avènement des sciences archéologiques, pour ne pas dire préhistoriques parmi nous, car la mention faite par le médecin de Stanislas, Buchoz, dans son *Vallerius Lotharingiæ*, de *céraunies* en forme de flèches, sur le chemin de Commercy, est bien vague, et nous n'avons à y ajouter, pour le XVIIIe siècle, que l'indication précise de haches polies, donnée par le père Lebonnetier pour les environs de Scarponne.

Mais il nous semble qu'on peut aller au-delà de ce siècle et trouver des préoccupations analogues dans l'ouvrage du R. P. Vincent, intitulé : *Histoire de l'ancienne image miraculeuse de N. D. de Sion. 1698*.

Dans son chapitre sur les antiquités de la montagne de Sion, l'auteur décrit très fidèlement, et très heureusement pour les modernes, les monuments, alors en bon état, les principales trouvailles antiques faites en ce lieu, qui, après avoir été vénéré par les Gaulois, est devenu une station romaine de première importance. La part des Gaulois, ou, pour mieux dire, des populations antérieures à la conquête

(1) Bull. Soc. sc. Nancy, 1878, p. 48.

romaine, est bien insuffisante dans ce livre, mais qui peut s'en étonner, sachant qu'il a fallu arriver au milieu du XIXe siècle pour se débarrasser, non pas « des Grecs et des Romains », mais pour reconnaître qu'avant eux ont vécu, en Lorraine, des populations qui ne sont pas quantité négligeable ? Qu'il nous suffise de signaler ici ce fait, tout à l'honneur de nos premiers archéologues lorrains : ils n'ont pas oublié tout à fait leurs ancêtres pré romains.

La fin du XVIIIe siècle et le commencement du XIXe ne furent pas, on le comprendra facilement, favorables à ce genre d'études ; mais, à la Restauration et sous la Monarchie de Juillet, elles reprirent faveur, et un certain nombre de travaux importants, à notre point de vue, datent de cette époque.

Les numismates collectionnent, avec les monnaies romaines, les rares monnaies gauloises de nos stations préhistoriques. Ils préparent des documents pour l'avenir, et établissent pour notre pays ce principe déjà vérifié depuis longtemps en Italie et en Grèce : que les stations humaines se sont le plus souvent superposées, sans changement de place, depuis les temps anciens jusqu'à nos jours.

Les camps retranchés, si communs en Lorraine, occupent des archéologues de grand renom ; d'autres s'attachent à retrouver la trace des voies romaines ; mais rarement, même dans les essais de synthèse dus à Beaulieu, à de Golbéry, au conseiller Beaupré, ils vont au tuf sous-jacent, aux civilisations plus anciennes.

Rome projetait une ombre trop envahissante sur toutes les antiquités de nos pays. On ne voyait les populations préceltiques, celtiques, gauloises, qu'à la lumière des rares textes des auteurs latins et grecs. Certains d'entre eux avaient plus particulièrement frappé l'imagination, et on sait combien il a fallu de temps pour détruire la légende des druides attachée à nos monuments mégalithiques des Vosges.

Si l'on admettait, sur la foi des textes, des populations antérieures aux Romains occupant nos pays, on ne se les figurait guère armées de haches et d'épées de bronze, encore moins de haches de pierre polie ou de pierre éclatée. Les objets matériels, preuves indéniables de leur existence, figuraient cependant dans les musées, dans les collections particulières, mais comme simple curiosité, sans lien aucun avec les documents humains auxquels nous les avons reliés depuis. Les épées de bronze, les haches de pierre et de bronze passaient pour des preuves de batailles livrées dans des temps fabuleux. On ne se figurait pas des populations paisibles, agricoles ou pastorales, assez denses, occupant nos plateaux, les pentes de nos collines, notion à laquelle on arrivera plus tard. Quoi qu'il en soit, cette période de préparation n'a pas été infructueuse, et les préhistoriens doivent rendre grâce aux archéologues qui les ont précédés dans la première moitié du XIXe siècle, leur préparant le terrain pour l'avenir.

« A partir de 1848, nous dit, p. 15, M. Barthélemy dans ses *Recherches archéologiques sur la Lorraine avant l'histoire*, « une ère nouvelle s'ouvrit en Lorraine pour les études pré- « historiques. S'affranchissant du prestige exercé jusqu'a- « lors par le nom romain, sortant du domaine de la légende « pour s'appuyer sur des faits bien constatés, les archéolo- « gues admirent l'existence d'une population ayant occupé « notre pays bien longtemps avant les conquêtes de César, « bien longtemps avant les Gaulois de l'histoire. Le re- « gretté docteur Godron, l'une des illustrations de la science « lorraine, ouvrit la voie par d'importants travaux d'eth- « nologie ; le premier, il donna, dans son « Age de la pierre « en Lorraine », la nomenclature de tous les instruments « en pierre trouvés jusqu'alors dans le département. Une « phalange de disciples zélés vint bientôt se ranger sous sa « bannière, enrichissant de ses découvertes nos collections « et les recueils des sociétés savantes.

« Dès cette époque, un géologue d'un mérite incontes-
« table, M. Husson, pharmacien, commençait l'étude strati-
« graphique des terrains des environs de Toul, et cher-
« chait à déterminer l'antiquité de l'homme, d'après les
« documents recueillis par lui dans les alluvions de la Mo-
« selle et dans les grottes de Pierre la-Treiche.

« De 1860 à 1870, MM. Cournault, Lebrun, Olry, An-
« celon, L. et A. Benoit, R. Guérin, Gaiffe et d'autres en-
« core, publiaient, sous forme de monographies et de ré-
« pertoires, un grand nombre d'études archéologiques.
« C'est grâce aux dons de M. Olry que fut commencée, vers
« 1866, la collection de silex ouvrés du Musée lorrain.
« M. R. Guérin explorait minutieusement les environs de
« Nancy dans un large rayon ; il eut la bonne fortune de
« découvrir en place, et de recueillir lui-même, plus de
« 6,000 silex taillés par la main de l'homme. Nous lui
« sommes redevables d'une description avec planches des
« objets antéhistoriques qui figuraient au Musée lor-
« rain avant l'incendie de 1871, et d'un répertoire détaillé
« de ses trouvailles dans vingt-trois communes du dépar-
« tement. C'est pour nous un devoir de rendre un hom-
« mage particulier à cet archéologue, pour ses recherches
« fructueuses et, bien plus encore, pour ses nombreux et
« importants mémoires, insérés dans les publications de
« la Société d'archéologie lorraine, de 1865 à 1872. »

Plus récemment encore, des travaux importants sont venus éclairer les débuts de l'humanité sur notre sol, et faire ressortir les conditions d'existence des premiers habitants de nos pays. Les recherches scientifiques dues à M. le professeur Fliche, de l'Ecole forestière, et à nous-même, sur la faune et la flore quaternaires, ont montré, avec une grande précision, les changements climatériques intervenus au cours de ces périodes reculées, en même temps qu'une enquête minutieuse sur l'origine et la composition des matériaux dont nos ancêtres se tirent des armes ou des ornements, permit d'estimer les relations déjà étendues des premiers Lorrains avec les contrées voisines.

Les départements de la Meuse et des Vosges, par les publications de MM. Maxe-Werly, Loppinet, Liénard, Voulot, Géhin, Fournier, G. Save, Liétard et d'autres, ont apporté leur contribution au mouvement qui pousse un certain nombre d'archéologues à sortir des chemins battus, pour aborder les questions les plus ardues de l'origine et de l'évolution de l'homme sur le sol lorrain. Nous possédons, sur ce sujet, de nombreux travaux de première importance, tels que « Liénard, *Archéologie de la Meuse, 1881* », et les musées de Bar, Verdun, Epinal, certaines collections particulières, renferment des documents des plus intéressants.

Le préhistorique lorrain après avoir fait, en 1889, l'objet d'un brillant concours de prix à l'Académie de Stanislas, nous a valu, outre l'ouvrage couronné de M. Barthélemy, le mémoire de M. Bernhardt « *sur les peuples préhistoriques en Lorraine* », Nancy, 1890.

Il est entré de plain pied dans l'enseignement universitaire, grâce aux magistrales leçons que notre confrère, M. le professeur Pfister, lui a consacrées dans ses cours publics de la Faculté des Lettres, et ces notions nouvelles ont été introduites dans les remarquables travaux qu'il a publiés, dans ces derniers temps, sur l'histoire de nos régions de l'Est.

Quelques découvertes d'une certaine importance ont aussi augmenté la somme de nos connaissances sur les populations lorraines primitives, depuis quelques années, et elles sont en majeure partie dues à la collaboration active de M. J. Beaupré.

De nouveaux tumuli ont été fouillés, rarement avec un plein succès ; dans certains cas, sans autre résultat que de nous démontrer que les habitants de la Lorraine, au premier âge des métaux, brûlaient quelquefois leurs morts.

Les origines de la métallurgie du fer ont pu être entrevues dans les fouilles de la station de Bouxières ; les premiers animaux domestiqués par l'homme, à l'âge le plus récent de la pierre, ont été découverts à Belleau. Le *Guide pour les recherches archéologiques* que nous avons publié l'année dernière, en collaboration avec M. J. Beaupré, le *Répertoire archéologique pour le département de Meurthe-et-Moselle* plus récent encore, dû à la seule initiative de notre zélé collaborateur, peuvent être considérés, avec les deux cartes préparées par ses soins et présentées par nous à l'occasion du Cinquantenaire, comme la synthèse de toutes nos connaissances sur les temps antérieurs aux Romains. On peut aujourd'hui parler avec autorité des temps préhistoriques, en se basant sur les 127 stations de l'âge de la pierre, et les 129 stations de l'âge des métaux, reconnues en Meurthe-et-Moselle seulement, chiffre qui doit certainement être triplé pour la Lorraine entière.

Ces préliminaires historiques, ou mieux bibliographiques, établis, sans aucune prétention à réaliser ici la nomenclature complète des ouvrages sur la matière, nous croyons devoir à nos auditeurs, comme à nos lecteurs, un résumé des notions les plus positives que les sciences préhistoriques ont acquises pour nos régions lorraines.

On a partagé les temps préhistoriques en plusieurs périodes, prenant pour base l'échelle rationnelle des progrès de l'industrie. Cette classification, conforme aux données de la géologie, et vérifiée chez les peuplades actuelles de l'extrême-nord et des mers du sud, affirme la succession des époques, sans prétendre assigner de durée certaine à chacune d'elles.

Quand des circonstances particulières n'ont pas amené de perturbations violentes, l'évolution civilisatrice a suivi partout son cours régulier : *l'âge dit du bronze* a succédé à celui *de la pierre* et précédé *l'âge dit du fer*. Cette règle a été souvent confirmée dans les stations préhistoriques, par la mise au jour d'une série de couches archéologiques superposées, les couches inférieures appartenant à *l'époque de la pierre, les couches moyennes à celles du bronze, les couches supérieures à l'époque du fer.*

Tel est le cadre général des temps préhistoriques, applicables à tous les pays du monde. Il a fallu de nombreuses recherches pour arriver à le tracer, et pour ce qui regarde la Lorraine il suffit, selon nous, *sans qu'on y introduise les nombreuses subdivisions qui ont leur raison d'être dans d'autres régions plus riches que les nôtres en vestiges anciens.*

On peut donc diviser les temps antérieurs à l'histoire, en Lorraine, en quatre grandes périodes :

Age le plus ancien de la pierre (paléolithique).

Age le plus récent de la pierre (néolithique).

Age dit du bronze.

Age le plus ancien du fer.

Dans nos régions, l'âge le plus ancien de la pierre, *éclatée* ou *paléolithique*, est à peine représenté.

« Il semble, en effet, résulter des données de la géologie, dit M. Barthélemy dans ses *Recherches archéologiques*, p. 39, que « l'homme n'a pu vivre ni se transporter, en Lor-
« raine, pendant la première période quaternaire, alors
« que les plateaux étaient parcourus et souvent recouverts,
« jusqu'à une altitude de 300 mètres, par les eaux dilu-
« viennes. La faune caractéristique de cette époque n'est
« d'ailleurs représentée que par des restes d'éléphant de
« détermination incertaine.

« Le régime glaciaire, auquel est due la topographie ac-
« tuelle de notre pays, vit au contraire se développer une
« faune et une flore analogues à celles des autres régions.
« Les plateaux et les collines ayant définitivement émergé,
« l'homme aurait pu s'y installer, et cependant on n'a re-
« levé, jusqu'à ce jour, aucune trace certaine de son pas-
« sage ; seules, la rigueur du climat et, dans le voisinage
« immédiat des Vosges, la divagation des cours d'eau et

« leur puissance en rapport avec les masses glaciaires, peu-
« vent expliquer cette absence. »

La hache à grands éclats, qui est l'instrument typique de cet âge, s'est rencontrée dans le diluvium à *Elephas primigenius* ou Mammouth, de la gare de Verdun, et M. l'abbé Friren en a retrouvé une, étudiée par M. Barthélemy, dans les gravières de Montigny-lez-Metz. Ces échantillons uniques suffisent pour constater la présence de l'homme dans nos régions dès cette époque reculée, mais ne nous permettent pas d'en reconstituer l'histoire, et nous n'avons rien qui puisse se comparer aux stations de Chelles, de Saint-Acheul, etc., qui ont fourni les types classiques d'armes paléolithiques, et ont permis d'établir la coexistence de notre race avec des animaux disparus.

Cette pauvreté en formes anciennes a de tout temps frappé l'attention des observateurs, et nous pourrions, à ce sujet, rappeler un essai de mystification scientifique fait en 1868 par un amateur peu consciencieux, sur le regretté Godron. Cet archéologue facétieux et peu honnête, qui voulait *per fas et nefas* faire des carrières de Maxéville une succursale des gravières classiques de Saint-Acheul, en fut pour ses frais de truquage, grâce à la sagacité de MM. Godron et Nicklès, qui démontrèrent que ces instruments de pierre, prétendus antiques, venaient d'être taillés dans le trapp à l'aide d'un marteau de fer !

En Lorraine, comme en Alsace, on passe brusquement de l'époque où la présence de l'homme peut être constatée sûrement pour la première fois, à celle où il est déjà armé de haches polies, de flèches en silex, et pourvu de poteries grossières.

Y a-t-il eu une période de transition entre le premier âge de la pierre ou paléolithique, et le second âge ou néolithique, c'est-à-dire de la pierre polie ? Nos stations sont muettes à cet égard, et les renseignements sont même contradictoires. Cependant, il semble que certaines trouvailles, celles de Commercy et de Saint-Mihiel, par exemple, pourraient se placer à ce tournant de l'histoire des temps préhistoriques. Ce sont des armes au faciès *chelléen* ou *acheuléen*, par conséquent paléolithique, qui, d'un autre côté, se rapprochent des haches polies, par quelques échantillons moins frustes.

Les renseignements sur nos ancêtres du deuxième âge de la pierre abondent en Lorraine. Grâce au culte des morts qui, dès lors, se manifeste avec évidence, on possède sur eux des renseignements anthropologiques certains, quoique peu nombreux, tirés des stations funéraires, des grottes ou cavernes. Ce sont des hommes d'une capacité cérébrale normale, qui se rattachent plus ou moins nettement aux races qui dominaient alors dans le bassin de la Seine et en Belgique. Ils occupaient les points culminants de nos plateaux, plus rarement les pentes, par raison de défense et probablement aussi à cause de l'état de divagation des cours d'eau dans les vallées. Il est évident qu'alors nos régions étaient plus boisées qu'elles ne le sont aujourd'hui, sans que cependant le fait soit prouvé pour tous les coteaux secs de la région calcaire.

Ces populations, selon toute probabilité, sédentaires quoique vivant en partie de chasse, connaissent la culture des céréales : elles ont des animaux domestiques, chien de petite taille, mouton aux cornes de chèvre, et savent dresser des cabanes.

Elles ont laissé peu de stations bien complètes, mais le trou des Celtes près de Toul, et la sépulture de Salone, nous renseignent assez bien sur leurs mobiliers funéraires et sur leur industrie primitive.

Les pointes de flèches et les éclats de silex sont très abondamment répandus dans nos pays à la surface du sol, et il suffit de parcourir le *Répertoire* de M. J. Beaupré, pour juger de la densité de la population, à cette époque reculée, sur le territoire de Meurthe-et-Moselle. Les haches polies se rencontrent moins fréquemment, et leur variété perforée est une vraie exception de ce côté ci des Vosges.

Les relations commerciales de ces populations primitives, autant qu'on peut en juger par l'étude de la provenance des objets matériels qu'elles nous ont laissés, furent sans doute peu étendues. Cependant, elles tiraient, à n'en pas douter, une partie des silex destinés aux fines pointes de flèche, des régions du bassin de Paris assez éloignées de nous, et la matière de leurs haches indique souvent une origine suisse ou comtoise. Des relations ont pu même exister avec des régions plus lointaines, centres de production de certaines roches de la famille du jade, estimées pour la fabrication des haches polies. Les Vosges, semble-t-il, opposaient, à cette époque, un obstacle sérieux aux échanges d'un versant à l'autre, qui ne devenaient possibles que dans les parties les plus basses de la chaîne.

Notre pays paraît donc privé de centres de production d'objets ouvrés, tels que pointes de flèche, haches polies, poterie, autour desquels, dans le centre de la France (Grand Pressigny, Indre-et-Loire) par exemple, irradient de tous côtés les objets fabriqués.

Pour achever les tableaux des conquêtes des sciences préhistoriques sur l'inconnu de ces temps anciens, il sera bon de rappeler ici que certains mégalithes des Vosges, ou de la région lorraine, peuvent fort bien appartenir à ces époques reculées, à en juger par analogie avec ce qui se passe dans le midi et l'ouest de la France, et que certains camps retranchés ont livré des objets qui nous y ramènent avec évidence.

Une matière nouvelle, dit M. Barthélemy (1), le bronze, importée d'Orient, d'après tous les auteurs, vint bientôt élargir le cercle des industries, et aider puissamment à la transformation des sociétés.

(1) L. c., p. 237.

Dans nos régions, on ne trouve aucun gisement de la période de transition entre la pierre et les métaux, transition parfaitement constatée dans le midi de la France, par la trouvaille d'objets en bronze dans les dolmens.

On admet généralement qu'en Europe ce métal a, le premier, succédé à la pierre dans la plupart de ses usages ; mais était-il très répandu en Lorraine à l'époque qui constitue pour les auteurs l'*âge du bronze pur*, et le fer n'apparut-il que plus tard ?

Dans nos pays, il est à peu près impossible d'établir une ligne de démarcation entre l'industrie du bronze et celle du fer. Les gisements bien étudiés montrent presque tous du fer avec les outils de bronze, et on n'y rencontre que rarement des formes archaïques telles que faucilles, haches plates. Il s'ensuit que l'âge du bronze pur n'a pas en Lorraine l'importance qu'on lui accorde, avec raison, dans certains pays plus proches de l'Orient, centre de fabrication de ces sortes d'outils et point de départ de la métallurgie primitive.

De plus (1), il est certain que, même à l'époque où les métaux étaient d'un emploi usuel, les haches de pierre polie étaient encore des outils comme par le passé. Plus tard, quand le fer se trouva dans toutes les mains, l'abondance du nouveau métal dut faire négliger la pierre aussi bien que le bronze, dans la pratique industrielle ; mais les haches cependant étaient religieusement conservées. Longtemps même après l'ère romaine, pendant le recul vers la barbarie amené par les Mérovingiens, la flèche en silex et la hache polie firent souvent partie du mobilier funéraire des guerriers. Est-il besoin d'ajouter que, de nos jours, les paysans croient à la vertu protectrice des anciennes *céraunies*, et les gardent avec un soin jaloux ?

C'est sous ces réserves que les préhistoriens peuvent ad-

(1) Barthélemy, p. 121.

mettre dans nos régions : un âge dit du bronze, un âge le plus ancien du fer, ou, à l'exemple de M. Barthélemy, les réunir sous le nom de *premier âge des métaux*.

Quoi qu'il en soit, une foule d'objets nouveaux font leur apparition dans le mobilier funéraire ou dans les rares stations qu'on pourrait appeler des cachettes.

Ce sont, suivant les catégories établies par M. Chantre, le spécialiste le plus autorisé en cette matière, des *produits métalliques* tels que outils, armes et ornements de bronze ; des *objets en matières diverses*, cuivre, fer, étain, or, ambre, corail, verre, jayet et lignite, etc.; des *produits céramiques*, poteries, moules, grains de collier et fusaïoles.

La hache de bronze est l'outil le plus communément répandu, et sa forme la plus simple, la plus archaïque, qui semble dériver de la hache de pierre, est la plus rare en Lorraine. Les formes à rebords médians et latéraux, à ailettes ou à douilles, plus récentes, l'emportent de beaucoup, et il faut souvent renoncer à l'interpréter comme arme de guerre.

Les populations de ces temps préromains étaient certainement paisibles et peu guerrières, à en juger par la rareté des épées, poignards, pointes de flèches.

Par contre, il n'est guère de sépulture, sous tumulus ou autrement, par incinération ou inhumation, qui ne renferme des épingles, fibules, bracelets, etc., de formes variées, avec une ornementation barbare, mais souvent non dépourvue de goût.

Ces populations ont été jusqu'à la représentation humaine, mais l'unique exemplaire de statuette de bronze qu'elles nous avaient laissé (station de Domèvre-en-Haye ; — Musée de Nancy) ne donne pas une haute idée de leur esthétique. Leurs poteries témoignent aussi d'un certain goût pour l'ornementation, et souvent la poterie la plus fine, avec essai de peinture, y accompagne le vase le plus grossier.

Enfin, nous avons ici le premier témoignage certain de la domestication du cheval. Le tumulus de Plaisance (Meuse) contenait deux bandages de roues et deux mors de cheval ; la riche sépulture de Diarville (Meurthe-et-Moselle) offrait les débris très reconnaissables d'un char.

Les populations de nos pays étaient alors de taille moyenne, au crâne long, aux extrémités inférieures particulièrement robustes et développées, et différaient assez des populations antérieures par la prédominance des dimensions longitudinales du crâne sur les dimensions transversales (dolichocéphalie), et leur taille probablement plus haute.

Avec l'âge des métaux, le cercle des relations extérieures s'élargit, et il semble qu'alors seulement les travaux qui exigent un plan, une entente, et pour leur exécution une grande réunion d'hommes, sont devenus possibles.

Beaucoup de nos enceintes, de nos camps retranchés, aux remparts calcinés comme ceux du camp d'Affrique, ou en pierre sèche, datent certainement de cette époque, ainsi que certains mégalithes des régions calcaires.

Quoi qu'il en soit, les hommes de l'âge des métaux, pas plus que ceux de la pierre, n'ont jamais possédé de centre industriel d'une certaine importance dans nos régions. Le bronze qu'ils utilisaient leur arrivait probablement tout ouvré, plus rarement en lingots, et les ateliers de fonte sont extrêmement rares ou problématiques. Par contre, l'importation explique certaines pacotilles d'objets de même nature qu'on a trouvées en Lorraine. Ce n'est pas une des moindres satisfactions de nos voyages de ces dernières années, que d'avoir suivi, par la Suisse, le Tyrol, jusqu'en Italie, la trace de ces colporteurs préhistoriques qui nous apportaient des vases de bronze, des haches d'un type identique à celui que l'on retrouve dans l'Italie antérieure aux Etrusques.

Les besoins du luxe faisaient également arriver chez ces

populations l'ambre de la Baltique, le lignite ou jayet venu probablement des mêmes régions du nord-est de l'Europe, le corail de la Méditerranée. Le verre, si rare et si précieux qu'il était alors employé avec parcimonie dans l'ornementation, venait probablement de la même source que le corail. L'or était alors si peu répandu, qu'on en relève à peine des traces dans les plus riches mobiliers funéraires, et l'argent a été signalé moins fréquemment encore.

Nos ancêtres du premier âge des métaux étaient donc pauvres. C'est à peine si, de temps en temps, on signale des tendances à ce que nous appelons en langage moderne le luxe, alors que leurs contemporains d'Italie, en relations d'échanges avec l'Orient, ont livré des trésors de bijoux, d'objets d'art, aux musées de Bologne, de Florence et de Rome.

C'est par les derniers représentants de ces populations anciennes que se fait le passage, encore mystérieux aujourd'hui, de la préhistoire à l'histoire. Ils nous ont laissé si peu de documents sur leur compte, même eu égard à leurs prédécesseurs, que nous en sommes encore, pour les quatre ou cinq siècles qui précédèrent l'arrivée des Romains dans nos pays, aux textes plus ou moins sibyllins des auteurs grecs et latins. Puissent nos successeurs combler cette lacune, et si alors la préhistoire disparaît en se fondant dans l'histoire, ce qui est en définitive son unique prétention et raison d'être, elle n'en restera pas moins dans le souvenir comme la trace d'un grand effort vers la connaissance des origines de notre race !

Le dernier article du programme comporte un discours de M. Demoget, président de la Société des lettres, sciences et arts de Bar-le-Duc, sur « Les Origines de la Renaissance et les Maisons du Barrois. » M. Demoget s'est exprimé en ces termes :

MESSIEURS,

La grande révolution qui s'opéra à la fin du XVe siècle, dans les arts et la littérature, n'a pas eu lieu en même temps dans toutes les nations de l'Europe civilisée.

Commencée en Italie après la prise de Constantinople, elle prend une extension rapide.

Dès 1470, Brunelleschi rompait avec les traditions gothiques par le dôme de Florence, et la Renaissance italienne élevait ses splendides palais de 1460 à 1480.

En France, ce n'est qu'en 1493 que Louis XII fit commencer le château de Blois, continué par François Ier ; mais, dès lors, les manoirs et châteaux féodaux se transformèrent en maisons de plaisance, grâce à des modifications extérieures inspirées par les idées nouvelles ; et Gaillon construit en 1500 et Chambord en 1526 présentent déjà des spécimens remarquables de la Renaissance.

En Lorraine, l'éclosion de l'art nouveau est plus tardif et ne s'affirme hardiment que vers 1512. Bien que cette architecture ait été préconisée par le *Viator* dans les monuments de Liverdun et de Toul et par la publication de sa *Perspective*, elle a été plus tardive qu'en France et n'a jamais eu le même caractère.

Dans le Barrois, pays pauvre, soumis à la violence des invasions, les habitations, même dans les premières années du XVIe siècle, portent le caractère simple et sévère de l'art lorrain du XVe siècle, qui se borne à une décoration moulurée privée de sculpture et ne laissant guère prévoir la richesse de la Renaissance.

En 1497, date à laquelle René II reprit possession de Bar et de sa prévôté, il commença la reconstruction du Palais de Nancy, et vint habiter Bar presque constamment jusqu'à sa mort en 1509.

Pendant son séjour, il fit restaurer le vieux château de René Ier, construisit le grand dépôt des chartes, et encouragea par sa présence l'établissement de familles nobles barroises à la Ville Haute. De là une série de maisons dont le style est d'abord celui du xve siècle, mais qui va en se modifiant lentement jusque vers 1508. Comme type de ces maisons, on doit signaler deux étages avec baies décorées de moulures. Simples, pas de sculptures, sinon aux gargouilles ; portes de forme légèrement surbaissées, avec angles arrondis ; au-dessus un grenier éclairé par de petites ouvertures moulurées ; sous les fenêtres des appuis en forme de torsade ou de cordelière et un chêneau aussi en torsade plus ornée ; cet ornement paraît avoir été très employé à cette époque et a persisté jusqu'au château ducal de Nancy.

Cinq maisons existent encore plus ou moins conservées et l'une d'elles a sa cour intérieure intacte. Une autre plus caractéristique existe à Longeville, devant Bar. Un prêtre, Martin Mourot, qui a établi la première imprimerie dans le Barrois vers 1497, avait décoré la façade de sa maison de cordons en torsades, et d'un cadre enseigne, où des armoiries portées par des anges de grande dimension et sculptés en haut relief lui donnent un caractère tout spécial. Le style de cette sculpture, qui concorde avec celui de la maison, le rattache au groupe ci-dessus que nous croyons pouvoir fixer de 1506 à 1508, et qui nous sert de repère archéologique pour le classement des autres édifices de la ville de Bar.

Certes, on doit s'attendre à voir encore longtemps ces formes anciennes se répéter et se mêler aux ornements nouveaux précurseurs de ceux de la belle Renaissance, et l'étude d'une maison rue des Ducs, n° 67, édifiée par la famille des Rodouan, va nous montrer les tentatives modestes de nos artistes.

Cette façade comprend l'entrée d'une porte en plein

cintre moulurée et flanquée de deux fenêtres inégales au rez-de-chaussée ; au premier étage, trois fenêtres de dimensions différentes, et selon l'usage, au grenier, des mezzanines de médiocre grandeur.

La mouluration des chambrantes n'a plus la forme dégagée du XVe siècle ; au lieu de moulures profondément refouillées, elle se compose de cavets et de doucines molles de forme, qui, au lieu de s'étaler en largeur, sont au contraire creusées dans l'épaisseur du mur, en sorte que la forme des baies, larges et trapues, étant encore recoupée par les meneaux, on n'obtient que des jours presque carrés, enfoncés et sombres. Jusque-là, la modification cherchée n'a guère réussi, sauf dans la corniche et dans un cordon sous les fenêtres. Cette corniche, petite d'échelle, se compose d'un boudin orné d'un ruban enroulé entourant des rosaces, et deux moulures enserrant cet ornement de forme nouvelle. A l'extrémité cette corniche vient butter contre l'écu armorié des Rodouan, et de l'autre côté contre une gargouille qui a disparu. Le cordon, plus simple encore, est composé de moulures plus modernes, et chaque extrémité porte deux figurins en costume du temps, de petites dimensions. Comme on le voit, nous sommes loin de la Porterie, et il nous faut aller jusqu'en 1523 pour pouvoir montrer à Bar un spécimen intéressant de l'École nouvelle.

Cette même année 1523, nous pouvons constater deux faits bien curieux :

1° 1523 est la date portée sur les trois arcatures qui encadrent les scènes de la Passion, formant le retable si connu d'Hattonchâtel signé par un Richier. L'encadrement de ces imageries (gardant encore, elles, le style du XVe siècle) est au contraire un monument architectural d'une conception et d'une exécution remarquables. C'est un modèle d'architecture de la Renaissance italienne arrivée à la perfection dont on ne connaît aucun équivalent en Lorraine à cette époque.

2° Dans le même temps un travail exécuté par ordre du duc Antoine, pour la façade de la salle d'audience, s'élevait contre le trésor des chartes de René II.

Il semblerait qu'il dût y avoir concordance de style entre ces deux œuvres, mais il n'en est rien.

Dans l'ensemble de cette composition tout rappelle les œuvres du XVe siècle, mais un motif comprenant seul les deux fenêtres du premier étage diffère totalement du reste. Dans l'axe un pilastre central encadré par deux petites colonnettes renferme deux niches superposées, abritant deux statues en pied en bas-relief : l'une est une sainte inconnue, l'autre un guerrier, d'un beau mouvement, moins dégradé que la précédente, et laissant voir les détails de son armure.

De chaque côté du pilastre une fenêtre à chambranles, d'une composition bizarre, avec colonnette et chapelet ou cordelière franciscaine, supportant des linteaux décorés de coquilles. C'est cet ajustement qui tranche avec le reste de la facade et avec la corniche à choux frisés la surmontant et qui appelle l'attention de l'archéologue.

Ce motif central est la seule partie où se manifeste un effort pour se débarrasser des langes gothiques, et tandis que l'œuvre d'ensemble a conservé la physionomie du siècle précédent, on sent que ce milieu est l'œuvre d'un artiste plus jeune, qui n'a pas vu l'Italie, mais qui a trouvé un arrangement ingénieux avec des éléments pris dans le pays, et exécuté ce travail d'art avec verve et distinction.

3° Dans le même temps, une maison rue Saint-Pierre n° 2, qui paraît la plus ancienne après la facade du trésor, a une décoration ornée de pilastres contenant des grotesques, imités de Gaillon et formant trois panneaux. Les fenêtres du rez-de chaussée et du premier étage ont leurs linteaux décorés d'entrelacs, les cordons qui séparent les étages sont garnis de denticules, une frise ornée de médaillons sépare ces fenêtres de celles du grenier. Les fûts des pilastres à la partie supérieure portent des chapiteaux imités de l'antique et renferment des niches en creux, le tout franchement nouveau et ayant rompu avec le xve siècle ; sauf la corniche qui, par une anomalie non expliquée, répète les choux frisés des chêneaux et corniches du xve.

C'est là évidemment un premier essai qui par son exécution peu adroite indique une gaucherie et une naïveté intéressantes dans les parties de style nouveau, mais qui a disparu dans la corniche, exécutée au contraire avec adresse, comme si le sculpteur avait recouvré la facilité de la main par un travail plus familier.

Il y a donc eu en 1523 et parallèlement un enseignement par l'exemple :

1° Par l'infiltration d'un art étranger très avancé, et introduit par des sculpteurs (Hattonchâtel) ;

2° Développement de l'art ancien du xve siècle modifié sous le souffle des idées nouvelles, mais sans copie servile d'un modèle (façade de la salle d'audience) ;

3° Imitation encore maladroite d'un sculpteur indigène, mais qui paraît le premier essai tenté après 1523.

Qu'est-il résulté de ces trois directions ?

C'est ce que l'examen des maisons se rapprochant des trois types nous a permis de grouper ainsi :

Premier type. — Maisons dont les chapiteaux sculptés sont imités des chapiteaux italiens ou français de Chambord, Chenonceaux, ou Gaillon ; emploi de pilastres, décorés de moulures en creux avec compartiments en losange ou en cercle. Larges baies des fenêtres avec meneaux en croix, répétant le profil des chambranles, corniches et frises à chaque étage, se rapprochant de profils classiques, et couronnement par un chêneau ne ressemblant en rien aux corniches au-dessous, mais composé par une moulure ferme et par des gargouilles sur l'arête de la toiture.

Exemples : Rue des Ducs de Bar, n°s 29, 31, 37, 47 et diverses autres de 1523 à 1560.

DEUXIÈME TYPE. — Développement de l'art du XVe siècle.

Cette architecture civile et presque officielle comprend :

La salle d'audience (1523) ;

La chapelle funéraire des Choiseul, tombeaux et claustra, entre la nef de Saint Pierre (1524) ;

Le petit châtelet construit par Charles III (1568) ;

Les façades de la Halle, bâties par ordre du duc Antoine depuis 1542 jusqu'à 1770.

Toutes ces constructions ont un caractère de sévérité qui pourrait faire douter de leur âge. Ici la Renaissance officielle est froide et sévère, les moulures sont grosses, sans élégance, se rapprochant de celles du XVe siècle, la sculpture est sobre et un peu arriérée, et les chêneaux mêmes du châtelet de Charles III ont conservé en 1568 le style de 1523.

Maison Prud'homme (1527).

A cette école appartient le collège fondé par Gilles de Trèves, à peu prèscomplet, sauf sa facade, cour avec galeries et portiques. Influence flamande, caractérisée par des pilastres en gaîne, des balcons de pierre découpée, des cartouches d'un style étrange, datée (1571).

Maison Chaupin, même école, datée (1578).

Maison Busselot, même école, datée (1583).

Maison Pierron, rue de l'Horloge, datée (1585).

Le TROISIÈME TYPE, combiné avec les précédents, a donné lieu à de nombreuses maisons autrefois et encore aujourd'hui richement habitées. Ces maisons, élevées depuis 1589 jusqu'à 1750, ont suivi comme style celui de ces dates, mais en subissant des influences étrangères.

Celle de M. Jacob, place Saint-Pierre, a été élevée sur des dessins ou d'après des ouvrages de Dietterlin.

Maison rue des Ducs, 41 (Charles III).

Musée rue Saint-Pierre et maison Le Marlorat.

Rue Saint Piere, 27, intérieur de cour (1650).

Rue du Bourg, n° 26 (1618).

Rue du Bourg, 51 (Henri III).

Briaux, rue du Bourg, 49 (Louis XIII).

De Marne, rue du Bourg (Louis XIII).

Ces quatre maisons ont subi l'influence française.

Tribunal, rue de Bourg. Cette façade remarquable élevée dans le style du Borromini, influence italienne (1670).

D'autres maisons de style Louis XV sont d'une exécution remarquable.

Cette série de plus de quarante-cinq maisons de tous les styles, depuis 1500 jusqu'à 1770, groupées ou presque contiguës, est une rareté que l'on ne retrouve plus que dans quelques villes de province.

Chaque habitation, prise une à une, montre dans son ordonnance la volonté d'un homme qui était quelqu'un, qui avait lui-même présidé à son organisation, à sa décoration et qui entendait bâtir non seulement pour lui, mais pour toute sa descendance. Elle reflète les goûts, les habitudes des personnes qui l'habitaient.

Il serait à désirer que des monographies ou des études complètes de ces maisons fussent faites avant de les voir disparaître, ce qui ne peut tarder dans ce temps d'indifférence pour les arts.

Le programme étant ainsi épuisé, M. Ch. Guyot remercie les orateurs et le public ; puis la séance est levée à six heures, et les archéologues se donnent rendez-vous pour le banquet qui doit clore, à 7 heures 1/2, cette journée si bien remplie.

Ce banquet avait été organisé au Grand-Hôtel, dans ces beaux appartements du premier étage d'où l'on découvre la charmante perspective de la place Stanislas, cadre on ne peut mieux approprié à cette réunion où doivent être évoqués les souvenirs des siècles écoulés. La Société d'Archéologie avait invité à ce banquet M. le Préfet de Meurthe-et-Moselle et M. le Maire de Nancy, ainsi que les délégués des Sociétés correspondantes: à cette première série de convives s'étaient joints, comme souscripteurs, un certain nombre de confrères, de Nancy et du dehors : en tout soixante personnes. On prend place à l'heure fixée, et chacun trouve son nom marqué sur une carte de menu très originale, due à la fantaisie artistique de M. Georges Demeufve (1). Lorsqu'après épuisement de tous les services l'heure des toasts est arrivée, M. Ch. Guyot, président, commence la série par les paroles suivantes :

MESSIEURS,

Permettez-moi de lever mon verre à la prospérité de la Société d'Archéologie lorraine, dont nous célébrons le Cinquantenaire.

Les Sociétés ont cet avantage sur les personnes que l'âge n'est pas pour elles un signe de décrépitude, bien au contraire ; aussi nous est-il permis de prévoir pour la nôtre le jour où, au lieu de cinquante ans, ce sera le siècle entier de son existence que nos fils célébreront, s'il plaît à Dieu.

Quant à moi, j'augure très bien de ce second demi-siècle, en voyant ici réunie cette belle assistance, qui renferme tous les éléments de notre force, de notre prospérité.

J'y vois d'abord le représentant de l'État, le délégué du Ministère de l'Instruction publique et des Beaux-Arts, notre grand patron, le dispensateur souverain des crédits si nécessaires à notre Monument historique ; — M. le secrétaire général de la Préfecture, représentant M. le Préfet, notre président d'honneur et notre précieux appui auprès du Conseil général de Meurthe-et-Moselle ; — M. le Maire de Nancy, sans lequel nous ne pouvons rien, auquel nous sommes étroitement liés, et par les bienfaits du passé et par les promesses de l'avenir. Je suis heureux aussi de

(1) C'est à M. Demeufve que nous devons aussi la jolie couverture de la présente brochure.

voir à nos côtés les délégués des Sociétés savantes françaises, nos exemples et nos émules ; — puis, les délégués des Sociétés étrangères, qui n'ont pas reculé devant un long déplacement, par cette saison torride, pour prendre part à notre fête ; — enfin vous tous, Messieurs, qui figurez la foule de nos confrères, foule que nous espérons toujours plus grande et toujours plus dévouée !

J'ai donc confiance, et je vous prie de vous joindre à moi dans ce souhait de longue vie que nous formons pour la Société d'Archéologie lorraine :

Ad multos annos !

M. Maringer, maire de Nancy, prononce ensuite une allocution accueillie par de chaleureux applaudissements :

MONSIEUR LE PRÉSIDENT,

Je vous remercie des paroles si bienveillantes que vous venez d'adresser à la Municipalité.

Vous avez eu raison de constater les excellentes relations qui nous unissent à votre Société, et qui nous permettent de joindre nos efforts communs pour aider au développement et à la prospérité de votre association.

Au risque de blesser votre modestie, je tiens à vous dire, Monsieur le Président, que ces relations si faciles et si agréables sont dues, en grande partie, à votre courtoisie et à la bonne grâce personnelle que vous y apportez.

En secondant les efforts de votre Comité, l'administration municipale actuelle n'a fait que continuer une tradition suivie par tous nos prédécesseurs.

Quoi de plus intéressant, en effet, que l'œuvre entreprise par la Société d'Archéologie et le Comité du Musée lorrain ! Vous recueillez pieusement les vestiges du passé et vous reconstituez ainsi, non par l'imagination et la fantaisie, mais à l'aide des documents authentiques, l'histoire de notre ville et de notre région.

Soyez persuadés, Messieurs, qu'en toute occasion je me ferai votre avocat auprès du Conseil municipal qui sait apprécier votre dévouement et votre désintéressement. Nous nous rendons bien compte que votre tâche n'est pas finie, et qu'il faudra, dans un avenir prochain, étudier avec vous des projets d'agrandissement, d'ailleurs facilement réalisables, qui vous permettront de mettre en pleine lumière, sous les yeux du public, tous les trésors de votre Musée.

Messieurs, la fête d'aujourd'hui marque une date importante dans l'histoire de notre ville ; elle célèbre la première étape qui vient d'être franchie, mais à mon sens, elle n'est que le prélude d'une fête plus grandiose que j'évoque à l'avance, et que nos enfants, à leur tour, sauront magnifiquement célébrer.

Je lève mon verre et je bois, Messieurs, au futur centenaire de la Société d'Archéologie lorraine.

Puis M. Quintard, vice-président de la Société, s'exprime comme il suit :

Messieurs,

Entré dans les rangs de la Société d'Archéologie depuis 37 ans, et devenu hélas ! l'un de ses plus anciens membres, je croirais manquer à mon devoir de Vice-Président, si je n'étais ici l'interprète de tous mes collègues, en offrant aujourd'hui à notre cher Président, M. Charles Guyot, l'expression de notre sincère reconnaissance. Depuis la mort de Henri Lepage, M. Guyot dirige notre Société et nos travaux avec ce tact, ce dévouement et cette amabilité que vous connaissez tous.

Je vous propose donc, Messieurs, de boire à la santé de notre cher et savant Président, en faisant les vœux les plus ardents pour qu'il reste longtemps encore parmi nous, et continue à occuper à notre tête la place qu'il remplit si dignement depuis dix ans.

Je vous prierai également, Messieurs, de porter un toast à tous mes excellents collègues composant le Bureau de notre Société, ainsi qu'aux zélés organisateurs de ce Cinquantenaire, dont nous garderons, je n'en doute pas, le plus agréable souvenir.

Je lève donc mon verre en disant :

A notre cher Président ; aux Membres du Bureau de la Société, et aux organisateurs de cette fête.

Les excellentes relations de notre Société avec l'Académie de Stanislas sont affirmées par le discours suivant de M. de Meixmoron de Dombasle, vice-président de l'Académie :

Messieurs,

Dans son magistral discours d'inauguration de la séance de cet après-midi, notre cher Président a bien voulu rappeler les liens qui sont établis depuis cinquante années entre la Société d'Archéologie lorraine et l'Académie de Stanislas. Vous me permettrez, en ma qualité de délégué de la doyenne de nos institutions, de remercier de tout cœur M. le Président des souvenirs qu'il a eu l'amabilité d'évoquer et de l'assurer de nos sentiments de la plus affectueuse confraternité. L'union intime de nos deux associations a été cimentée en maintes circonstances par un illustre Lorrain dont je ne puis prononcer sans émotion le nom vénéré, le baron de Dumast, et je ne saurais oublier qu'elle a été consacrée, en une même année, par la double présidence de l'éminent confrère que la Société d'Archéologie a le bonheur de garder à sa tête.

L'Académie de Stanislas n'a cessé de suivre avec le plus vif intérêt les travaux de sa jeune amie, et elle est particulièrement heureuse de lui apporter, en ces jours de fête dont se réjouissent tous les cœurs lorrains, le tribut de sa profonde sympathie. Jeune, c'est très jeune aussi que je devrais dire, car, quoique cinquantenaire, la Société d'Archéologie est plus vivace, plus vaillante et plus agissante que jamais. Ainsi que M. le Président vient de le dire si justement, un demi-siècle, qui pèse souvent si lourdement sur les individualités, n'est qu'une courte phase pour une Société qui repose comme celle-ci sur une base solide et immuable, l'amour du pays, le culte du sol natal dans les arcanes de son passé, l'étude des mystérieux points d'interrogation posés par l'histoire à ceux qui ont le noble souci de rechercher les origines et les développements d'une province. Ce champ si vaste, Messieurs, la Société dont nous célébrons aujourd'hui une étape mémorable l'a creusé et fécondé avec une ardeur qui jamais ne s'est démentie. Sous l'impulsion infatigable des présidents qui se sont succédé pour veiller à nos destinées, sous l'activité des investigateurs qui n'ont pas reculé devant les labeurs de leur tâche, que de problèmes historiques résolus, que de souvenirs artistiques mis en lumière et sauvés de la destruction par leur sollicitude, que de richesses accumulées dans ce Musée superbe qui est sorti des terribles secousses de 1871 pour renaître avec une nouvelle splendeur !

Au nom de l'Académie de Stanislas dont je suis très honoré d'être l'interprète, je salue, Messieurs, les cinquante glorieuses années de la Société d'Archéologie, et je porte un toast chaleureux à la prospérité d'une institution dont notre Lorraine est justement fière.

Enfin M. Le Grix, délégué de la Société archéologique de la Touraine, ancien Conservateur des forêts, se charge d'exprimer très heureusement les sentiments des délégués qui ont bien voulu se rendre à notre appel :

MESSIEURS,

Au nom des délégués des diverses sociétés savantes de province qui sont venus prendre part aux fêtes de ce Cinquantenaire, je viens remercier la Société d'Archéologie lorraine, son distingué président, son bureau et tous ses membres de leur réception si cordiale et si intéressante ; grâce à leur profond savoir, à leur inépuisable obligeance, nous avons pu visiter et admirer le superbe Musée lorrain qui est leur création, les magnifiques édifices, les établissements religieux et scientifiques de la capitale de la Lorraine, dont nous rapporterons, nous le disons de tout cœur, un souvenir ineffaçable.

Qu'il me soit permis, en outre, de boire à la prospérité de la Ville de Nancy, si hospitalière, si pleine de souvenirs pour moi qui, en qualité d'ancien élève de son École forestière, ne peux que la considérer comme un second berceau et me souvenir avec reconnaissance de l'accueil qu'elle fait depuis 73 ans à ces jeunes élèves des Eaux et Forêts dont les promotions successives vont proclamer chaque année dans tous les coins de la France le renom de patriotisme, d'affabilité et de courtoisie de votre belle cité.

Messieurs, je lève mon verre en l'honneur de la Société d'Archéologie lorraine, de la Ville de Nancy et de l'École nationale forestière, si bien représentée ici par son éminent et sympathique sous-directeur.

D'autres paroles encore ont été prononcées que nous regrettons de n'avoir pu textuellement recueillir. Ainsi, M. Tillol, secrétaire général de la Préfecture, a chaudement exprimé les regrets de son chef, M. Stéhelin, préfet de Meurthe-et-Moselle, obligé de se rendre à Paris le jour même. Ainsi, M. le comte de Marsy, en buvant au centenaire futur de la Société d'Archéologie lorraine, a rappelé le souvenir sympathique de cet archéologue éminent, M. Frédéric Moreau, l'éditeur des feuilles de Caranda, qui atteint à cette date même la centième année d'une vie dévouée tout entière à la science. Ainsi encore, se faisant spécialement l'interprète des délégués étrangers, M. le comte van der Straten-Ponthoz s'est levé et, avec une fougue toute juvénile, s'est félicité de son titre de doyen, qui l'autorise à parler au nom de nos confrères de langue française, étroitement unis à la France, par delà les frontières, grâce aux liens de la science et d'une estime réciproque.

Pendant longtemps encore on reste groupé dans les salons du Grand-Hôtel, et dans ces causeries intimes se sont formées ou fortifiées d'agréables relations, qui, nous devons l'espérer, ne resteront pas stériles. S'il faut enfin se séparer, du moins ce n'est pas pour tous l'adieu définitif, puisque le lendemain, 30 juin, a lieu l'excursion de Toul, qui doit encore, pendant une troisième journée, prolonger le plaisir des séances précédentes.

Cette excursion de Toul, à laquelle prirent part environ vingt-cinq personnes, ne devait être qu'une simple promenade, destinée à laisser chez nos hôtes une impression sommaire des monuments lorrains autres que ceux de Nancy. L'intérêt très vif qu'y prirent les voyageurs nous a fait regretter de n'y point consacrer plus de temps : car même en retardant, comme il devint nécessaire, l'heure de retour primitivement fixée, il fallut se presser beaucoup. Une grande journée eût à peine été suffisante. Nous avons eu la bonne fortune de trouver pour guide un enfant de Toul, parfaitement au courant des antiquités de sa ville natale, notre confrère M. l'abbé Clanché, professeur à Saint-Léopold : grâce à son obligeance et à son entière compétence, nous avons parcouru rapidement, mais avec grand profit, la Cathédrale, Saint-Gengoult, le Musée installé dans l'ancien Évêché, aujourd'hui la Mairie ; nous avons vu enfin, en dehors de l'enceinte de la ville, le tombeau de saint Mansuy, depuis peu replacé dans un sanctuaire décent, digne de cette vénérable relique de l'apôtre des Leukes.

Enfin, il fallut se séparer, les uns à la gare même de Toul, les autres à Nancy, tous avec l'expression de regrets, avec des souhaits de réunions prochaines.

Les fêtes de notre Cinquantenaire étaient terminées, et grâce à l'empressement général qu'attestent les comptes-rendus bienveillants de la presse locale, le programme avait été rempli à la satisfaction unanime. S'il était permis maintenant d'exprimer un regret, ce serait de n'avoir pas donné plus d'ampleur au programme et de n'avoir pas retenu plus longtemps des hôtes qui paraissaient si satisfaits de se trouver au milieu de nous.

Du moins, le souvenir de ces journées trop courtes ne sera pas perdu. Non seulement cette brochure en remémorera les détails, mais, de plus, l'idée même du Cinquantenaire sera conservée par un bas-relief qu'a composé le sculpteur Bussière et dont une réduction en bronze a été demandée par de nombreux souscripteurs. Dans le vestibule du Palais ducal, une femme assise contemple une collection d'objets rassemblés autour d'elle : à côté du *torques* provenant de fouilles préhistoriques, une statuette de la Renaissance, un diplôme auquel est encore attaché le grand sceau ducal ou la bulle d'or des empereurs : elle tient à la main le globe que Charles IV donna aux Tiercelins de Sion. Cette femme est sérieuse et pensive, c'est la Muse de l'Histoire lorraine : c'est bien elle, dans son cadre monumental, qui doit symboliser notre Société, vouée à jamais aux travaux austères dont le but est la glorification du passé de notre pays.

Août 1898.

Nancy. — Imp. A. CRÉPIN-LEBLOND, 21, rue Saint-Dizier (passage du Casino)

www.ingramcontent.com/pod-product-compliance
Ingram Content Group UK Ltd.
Pitfield, Milton Keynes, MK11 3LW, UK
UKHW021821190726
13853UKWH00003B/1105